Kundenloyalität und Kundenzufriedenheit
Eine empirische Studie im Bereich Autohandel

VON THORBEN REBMANN

STUDIENARBEIT

KARL-FRANZENS-UNIVERSITÄT GRAZ

Inhalt

1.	Einleitung	3
1.1.	Ausgangssituation und Problemstellung	3
1.2.	Aufbau	5
2.	Theoretische Grundlagen zur Kundenzufriedenheit	6
2.1.	Das C/D-Paradigma	6
2.2.	Theoretische Ansätze zur Erklärung von Kundenzufriedenheit	11
2.2.1.	Die Kontrasttheorie	12
2.2.2.	Die Assimilationstheorie	13
2.2.3.	Die Assimilations-Kontrast-Theorie	15
2.2.4.	Das Mehr-Faktoren-Modell der Kundenzufriedenheit	16
3.	Kundenloyalität	20
3.1.	Behavioristische Loyalitätsauffassungen	22
3.2.	Neo-behavioristische Loyalitätsauffassungen	24
4.	Loyalitätstypen	26
4.1.	Theoretische Ansätze zur Erklärung von Kundenloyalität	28
4.1.1.	Die Lerntheorie	28
4.1.2.	Die Risikotheorie	30
4.1.3.	Die Dissonanztheorie	31
4.2.	Zusammenhang zwischen Kundenzufriedenheit, Loyalität und Profitabilität	33
4.3.	Moderatoren des Zusammenhangs zwischen Kundenzufriedenheit und Loyalität	35

4.4.	Wirkungskette zwischen Kundenzufriedenheit, Loyalität und Profitabilität	36
5.	Empirische Studie	39
5.1.	Kaufphasen	40
5.2.	Design der Studie	42
5.3.	Zufriedenheit mit dem Autohändler	44
5.3.1.	Zufriedenheitsfaktoren beim Autohändler	45
5.3.2.	Wiederkaufverhalten beim Händler	49
5.3.3.	Weiterempfehlung des Händlers	50
5.3.4.	Inanspruchnahme anderer Leistungen bzw. Produkte	51
5.3.5.	Zufriedenheit und Loyalität mit dem Händler – Ein Zusammenhang	53
5.3.6.	Ort der Durchführung einer Reparatur/Service	54
5.3.7.	Autohändler als Informationsquelle	56
5.4.	Zufriedenheit mit der Automarke	57
5.4.1.	Wiederkaufverhalten bei Automarke	61
5.4.2.	Zusammenhang zwischen Kundenzufriedenheit und Kundenloyalität - Automarken	67
6.	Zusammenfassung	69
7.	Literaturverzeichnis	71
7.1.	Abbildungsverzeichnis	75
7.2.	Abkürzungsverzeichnis	76

1. Einleitung

1.1. Ausgangssituation und Problemstellung

„Das einzige was stört, ist der Kunde. "[1]

Im Gegensatz zu anderen Produkten kommt dem Automobil in der Gesellschaft eine besondere Bedeutung zu. Trotz steigender Benzinpreise und hohen Anschaffungskosten gilt das eigene Auto für viele Menschen als unverzichtbar. Uneingeschränkte Mobilität, Prestige und Komfort sind nur drei von vielen Gründen warum sich das Auto so großer Beliebtheit erfreut. Dies schlägt sich auch in den Statistiken nieder. In Österreich waren am 31.12.2010 4,44 Mio. PKWs angemeldet, was einer Steigerungsrate von 1,9% im Vergleich zum Vorjahr entspricht. In der Steiermark kommen auf 1000 Einwohner 560 Autos, womit der 5. höchste Motorisierungsgrad unter den Bundesländern erreicht wird.

Wie wichtig der Automobilhandel für die Wirtschaft in Österreich ist, schlägt sich auch in der Handelsstatistik nieder. So arbeiten 12,5% aller im Handel angestellten Personen im KFZ-Handel und Reparatur-Bereich.[2]

---

[1] Geffroy, E. (2005): Das einzige was stört, ist der Kunde, 16. Aufl., Frankfurt, S. 11

[2] Vgl. o.V. (2009): Handelsstatistik. Hauptergebnisse im Dienstleistungsbereich 2009, Statistik Austria

Die meist jahrelange Erfahrung der Kunden mit dem Produkt „Automobil", der hohe Preis und das breite Angebot steigern die Erwartungen der Konsumenten, die sie an die Qualität des Produktes und den Ablauf des Handels haben. Abweichungen dieser Erwartungen können beim Käufer schnell zu Unzufriedenheit führen. Zufriedenheit zu schaffen und Unzufriedenheit zu vermeiden müssen generell Ziele eines Unternehmens darstellen. Ein Nichterreichen dieser Ziele kann zur Folge haben, dass Kunden abwandern oder negative Mundpropaganda über das Unternehmen verbreiten. [3]

Welche Faktoren für die Zufriedenheit verantwortlich sind und welche Vorteile und auch Nachteile bei zufriedenen Kunden entstehen sind zentrale Fragen zur Kundenzufriedenheit in dieser Arbeit. Des Weiteren wird beantwortet was Kundenloyalität ist, welche Auswirkungen sie hat und ob Zusammenhänge mit der Kundenzufriedenheit bestehen. Mit besonderem Augenmerk auf den Handel und hier speziell auf den Autohandel, wird diese Arbeit auch einen praktischen Aspekt beinhalten. Unterstützt durch eine empirische Studie zum Thema Autokauf werden theoretische Grundlagen in der Praxis dargestellt.

---

[3] Vgl. Bruhn, M (2008): Dienstleistungscontrolling durch eine ganzheitliche Betrachtung der Erfolgskette des Dienstleistungsmanagements, München, S. 7

1.2. Aufbau

Diese Arbeit gliedert sich in vier Teile. Im ersten Teil werden die theoretischen Grundlagen zur Kundenzufriedenheit erläutert. Dabei wird auf verschiedene Modelle und Ansätze zurückgegriffen und gleichzeitig gezeigt, ob diese miteinander anwendbar sind. Im zweiten Teil dieser Arbeit wird auf die Kundenloyalität näher eingegangen. Wie auch schon bei der Kundenzufriedenheit werden zuerst die theoretischen Ansichten, mit den verschiedenen Auffassungen von Loyalität gezeigt. Eine Zusammenführung der verschiedenen Ansichten wird zeigen welche Typen von Kundenloyalität existieren.

Der dritte Teil befasst sich mit dem Zusammenhang zwischen Kundenzufriedenheit und Kundenloyalität. Daraus folgend werden die Auswirkungen von Zufriedenheit und vor allem der Loyalität auf ein Unternehmen aufgezeigt. Der vierte und letzte Teil beinhaltet die Auswertung, der im Rahmen dieser Arbeit durchgeführten empirischen Studie. Diese Untersuchung basiert auf einer Befragung von Autobesitzern in der Steiermark. Die Ergebnisse wurden softwaregestützt ausgewertet und werden in diesem Teil der Arbeit grafisch hinterlegt gezeigt.

2. Theoretische Grundlagen zur Kundenzufriedenheit

In der Literatur existieren verschiedenste Modelle und Theorien zur Erklärung von Kundenzufriedenheit.[4] In Konkurrenz mit dem Confirmation/Disconfirmation-Paradigma, das laut Foscht jenes für das Marketing am ehesten anwendbare Modell ist, stehen attributionstheoretische Ansätze und die Equity Theorie.[5] In weiterer Folge werden die genannten Modelle nicht nur erklärt, sondern es wird auch gezeigt, wie weit diese Modelle und Theorien konkurrieren oder in einem Gesamtmodell vereinbar sind.

2.1. Das C/D-Paradigma

Das C/D-Paradigma zeigt die Kundenzufriedenheit als Resultat eines Soll-Ist Vergleichs mittels einer Analyse von Konsumerlebnissen.[6] Im Kern dieses Konzeptes steht somit ein Vergleichsprozess, der die tatsächliche Erkenntnis über eine Leistung (Ist-Leistung) einem gewissen Vergleichsstandard (Soll-Leistung) gegenüberstellt. Aus diesem Vergleich können sodann drei mögliche Ergebnisse resultieren, die in weiterer Folge Zufriedenheit oder Unzufriedenheit erzeugen. Ist die

---

[4] Vgl. Homburg, C./ Rudolph, B. (1995), S. 31

[5] Vgl. Foscht, T./ Swoboda, B. (2007), S. 209 und Matzler, K. (2000), S.182

[6] Vgl. Stauss, B. (1999): Kundenzufriedenheit, in: Marketing. Zeitschrift für Forschung und Praxis, 21. Jg., S.6

wahrgenommene Leistung gleichgestellt mit dem Vergleichsstandard, so kommt es zu einer Bestätigung der Erwartungshaltung eines Kunden und somit zu einer sogenannten ,Konfirmation'. Eine positive ,Diskonfirmation' entsteht im Vergleichsprozess, wenn die wahrgenommene Ist-Leistung den Vergleichsstandard übertrifft. Beide Ergebnisse sowohl die ,Konfirmation' als auch die ,Diskonfirmation' lösen eine Kundenzufriedenheit aus. Wenn die tatsächliche Erkenntnis über eine Leistung nicht den Erwartungen standhalten kann, ergibt sich daraus eine negative ,Diskonfirmation' und somit in Folge eine Unzufriedenheit.[7] Abbildung 1 zeigt das Grundprinzip des C/D-Paradigmas.

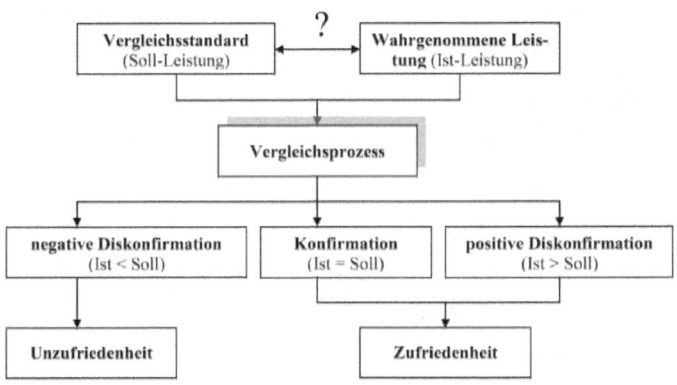

Abbildung 1: Grundprinzip des C/D-Paradigmas: Quelle: Vgl. Foscht, T./Swoboda, B. (2007): Käuferverhalten. Grundlagen-Perspektiven-Anwendungen, 3. Aufl., Wiesbaden, S.209

---

[7] Vgl. Foscht, T./Swoboda, B. (2007): Käuferverhalten. Grundlagen-Perspektiven-Anwendungen, 3. Aufl., Wiesbaden, S.209

Nun werden die wichtigsten Komponenten des C/D-Paradigmas genauer beleuchtet. Es handelt sich hierbei um den ‚Vergleichsstandard' (Soll-Leistung), die ‚wahrgenommene Leistung' (Ist-Leistung) und den ‚Vergleichsprozess' (Konfirmation, negative & positive Diskonfirmation).[8]

Bezüglich des ‚Vergleichsstandards' gibt es in der Literatur unterschiedliche Ansichten betreffend der Art und der Anzahl der herangezogenen Soll-Standards eines Konsumenten. Erfahrungsgemäß wird jedoch die Erwartung als ‚Vergleichsstandard' verwendet, die sich ihrerseits wiederum in verschiedene Konzepte einteilen lässt. Es handelt sich hierbei um das wahrscheinliche Leistungsniveau (‚predictions'), oder um normative Standards wie zum Beispiel die gewünschte Idealleistung (‚ideal'), das Verdiente (‚deserved expectations') aber auch das gerade noch Akzeptable (‚minimum tolerable').[9] Abgesehen von den Konzepten der Erwartung, werden auch noch andere Standards wie Erfahrungsnormen Ideale oder wahrgenommene Wertdifferenzen vom Konsumenten in Betracht gezogen. Es ist möglich das Konsumenten hierbei auch auf mehrere verschiedene Konzepte gleichzeitig oder sequentiell

---

[8] Vgl. Homburg, C./Stock-Homburg, R. (2008): Theoretische Perspektiven zur Kundenzufriedenheit, in: Homburg, C. (Hrsg.): Kundenzufriedenheit. Konzepte–Methoden–Erfahrungen, 7. Aufl., Wiesbaden, S.20

[9] Vgl. Stauss, B. (1999): Kundenzufriedenheit, in: Marketing. Zeitschrift für Forschung und Praxis, 21. Jg., S.6–7

zurückgreifen.[10] Die verschiedenen Arten an Soll-Standards die von Konsumenten als ‚Vergleichsstandard' eingesetzt werden, bringen für die Wissenschaft Probleme mit sich. So sind zum Beispiel Ergebnisse von Zufriedenheitsstudien mit verschiedenen Arten von Soll-Standards nicht miteinander vergleichbar.[11] Ein weiteres Problem hinsichtlich des ‚Vergleichsstandards' ergibt sich aus dem Entstehen von Leistungseigenschaften über ein Produkt oder einer Dienstleistung die dem Kunden zuvor noch unbekannt waren. So könnte eine mögliche Zufriedenheit oder Unzufriedenheit auch ein Resultat einer solchen Leistungseigenschaft sein, ohne dass diese jemals vom Kunden als ‚Vergleichsstandard' herangezogen wurde.[12]

In Bezug auf die ‚wahrgenommene Leistung' herrscht Einigkeit darüber, dass es sich hierbei um die ‚wahrgenommene Leistung' eines Produktes oder einer Dienstleistung von einem Konsumenten handelt. Diese wird in eine subjektive und eine objektive Wahrnehmung unterteilt. Die objektive Leistung eines Produktes oder einer Dienstleistung ist die tatsächliche Leistung, die für jeden Kunden gleich ist. Hingegen variiert die

---

[10] Vgl. Foscht, T./Swoboda, B. (2007): Käuferverhalten. Grundlagen-Perspektiven-Anwendungen, 3. Aufl., Wiesbaden, S.209

[11] Vgl. Stauss, B. (1999): Kundenzufriedenheit, in: Marketing. Zeitschrift für Forschung und Praxis, 21. Jg., S.7

[12] Vgl. Foscht, T./Swoboda, B. (2007): Käuferverhalten. Grundlagen-Perspektiven-Anwendungen, 3. Aufl., Wiesbaden, S.209

subjektive Leistung abhängig verschiedener Wahrnehmungseffekte einzelner Individuen.[13]

Der ‚Vergleichsprozess' zwischen der Soll- und der Ist-Komponente führt schlussendlich zu einer ‚Konfirmation' oder einer ‚Diskonfirmation', also zu einer Bestätigung oder Nicht- Bestätigung.[14] Eine wichtige Rolle in diesem Prozess spielt das Involvement eines Konsumenten, das heißt sein Beteiligungsgrad. Dieser hat einen Einfluss auf die Menge der in den ‚Vergleichsprozess' herangezogenen Merkmale.[15] Im Zusammenhang mit dem Vergleich zwischen der Soll- und der Ist-Komponente, sollte auch die Beziehung zwischen der ‚wahrgenommenen Leistung' und der Zufriedenheit näher betrachtet werden. Einerseits besteht hierbei ein linearer Zusammenhang, welcher bedeutet, dass sowohl positiv als auch negativ bestätigte Erwartungen im gleichen Ausmaß die Zufriedenheit beeinflussen. Andererseits wird in der Literatur auch aufgezeigt, dass die negative Bestätigung einer Erwartungshaltung immanenteren Einfluss auf die Kundenzufriedenheit ausübt als eine positive. Des Weiteren wird davon ausgegangen, dass

---

[13] Vgl. Homburg, C./Stock-Homburg, R. (2008): Theoretische Perspektiven zur Kundenzufriedenheit, in: Homburg, C. (Hrsg.): Kundenzufriedenheit. Konzepte–Methoden–Erfahrungen, 7. Aufl., Wiesbaden, S.21–22

[14] Vgl. Foscht, T./Swoboda, B. (2007): Käuferverhalten. Grundlagen-Perspektiven-Anwendungen, 3. Aufl., Wiesbaden, S.210

[15] Vgl. Stauss, B. (1999): Kundenzufriedenheit, in: Marketing. Zeitschrift für Forschung und Praxis, 21. Jg., S.8

ab einem gewissen Sättigungsniveau keine weitere Steigerung der Zufriedenheit erreicht werden kann.[16]

2.2. Theoretische Ansätze zur Erklärung von Kundenzufriedenheit

Wie bereits erwähnt, ist das C/D-Paradigma als Basismodell und integrativer Rahmen für spezielle Ansätze und Konzepte zu verstehen, welche die Entstehung von Kundenzufriedenheit erklären. In diesem Abschnitt stehen drei wichtige Theorien und Konzepte im Fokus: Die ‚Kontrasttheorie‘, die ‚Assimilationstheorie‘, die ‚Assimilations-Kontrast-Theorie‘ und das ‚Mehr-Faktoren-Modell der Kundenzufriedenheit‘.[17]

In Abbildung 2 wird veranschaulicht, wie diese drei Ansätze zur Erklärung der Kundenzufriedenheit in den sogenannten ‚Rahmen‘ – dem C/D-Paradigma – implementiert werden.

---

[16] Vgl. Foscht, T./Swoboda, B. (2007): Käuferverhalten. Grundlagen-Perspektiven-Anwendungen, 3. Aufl., Wiesbaden, S.210

[17] Vgl. Homburg, C./Stock-Homburg, R. (2008): Theoretische Perspektiven zur Kundenzufriedenheit, in: Homburg, C. (Hrsg.): Kundenzufriedenheit. Konzepte–Methoden–Erfahrungen, 7. Aufl., Wiesbaden, S.23

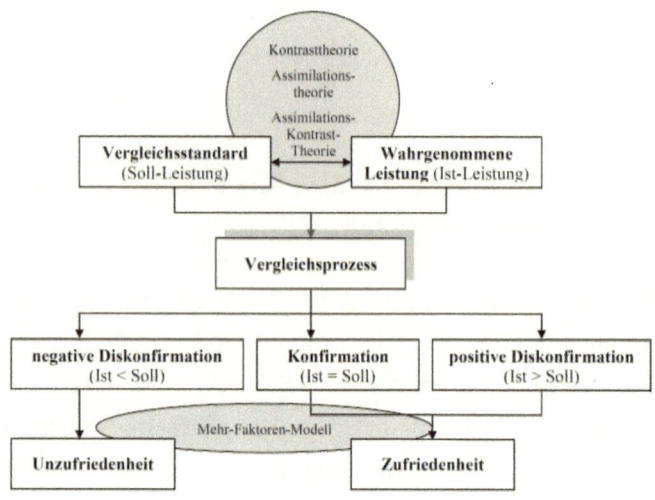

Abbildung 2: Einordnung theoretischer Konzepte in das C/D-Paradigma

Quelle: Vgl. Foscht, T./Swoboda, B. (2007): Käuferverhalten. Grundlagen-Perspektiven-Anwendungen, 3. Aufl., Wiesbaden S.209

2.2.1. Die Kontrasttheorie

Die ‚Kontrasttheorie' beschäftigt sich mit der nachträglichen Veränderung der Soll- und der Ist-Komponente des C/D-Paradigmas, wenn es im Zuge eines ‚Vergleichsprozesses' zu einer Ungleichheit beider Faktoren gekommen ist. Das bedeutet, dass Konsumenten im Falle einer Diskrepanz zwischen dem ‚Vergleichsstandard' und der ‚wahrgenommenen Leistung' eine dieser beiden

Größen im Nachhinein verändern.[18] Dabei neigt eine Person dazu, diesen Unterschied zu übertreiben.[19] Kommt es nun zu einer negativen oder positiven ‚Diskonfirmation', wird beim Konsumenten ein Überraschungseffekt ausgelöst. Der wiederum lässt den Kunden die positive oder negative Abweichung zu Ihren Erwartungen verstärkt wahrnehmen. Schlussendlich besagt die ‚Kontrasttheorie', dass es einerseits zu einer extrem positiven Bewertung der ‚wahrgenommenen Leistung' im Nachhinein kommt und daraus eine erhöhte Kundenzufriedenheit resultiert, oder dass andererseits eine nachträgliche Veränderung die ‚wahrgenommene Leistung' übertrieben schlecht darstellen lässt und dadurch die Kundenunzufriedenheit noch weiter absinkt.[20]

2.2.2. Die Assimilationstheorie

Die ‚Assimilationstheorie' konzentriert sich gleich wie die ‚Kontrasttheorie' auf die nachträgliche Veränderung der Soll und der Ist-Komponente des C/D Paradigmas. Diese Theorie beschreibt das Verhalten eines Konsumen-

---

[18] Vgl. Homburg, C./Stock-Homburg, R. (2008): Theoretische Perspektiven zur Kundenzufriedenheit, in: Homburg, C. (Hrsg.): Kundenzufriedenheit. Konzepte–Methoden–Erfahrungen, 7. Aufl., Wiesbaden, S.23

[19] Vgl. Foscht, T./Swoboda, B. (2007): Käuferverhalten. Grundlagen-Perspektiven-Anwendungen, 3. Aufl., Wiesbaden, S.211

[20] Vgl. Homburg, C./Stock-Homburg, R. (2008): Theoretische Perspektiven zur Kundenzufriedenheit, in: Homburg, C. (Hrsg.): Kundenzufriedenheit. Konzepte–Methoden–Erfahrungen, 7. Aufl., Wiesbaden, S.25–26

ten beim Auftreten einer Diskrepanz zwischen ‚Vergleichsstandard' und ‚wahrgenommener Leistung'. Es wird hierbei davon ausgegangen, dass eine Person nach einem kognitiven Gleichgewicht einer sogenannten Konsonanz strebt und somit den Zustand, wenn die Erwartungen von der wahrgenommenen Realität bestätigt werden, als angenehm empfindet. Kommt es jedoch zu einer Diskrepanz zwischen Soll- und Ist-Komponente, tritt der sogenannte ‚Assimilations-Effekt' auf. Der dabei ausgelöste Mechanismus führt dazu, dass ein Konsument eine nachträgliche Anpassung des ‚Vergleichsstandards' oder der ‚wahrgenommenen Leistung' vornimmt um eine Konsonanz wiederherzustellen.[21]

Das Resultat der ‚Assimilationstheorie' im Zusammenhang mit dem C/D-Paradigma ist die Verschiebung des Zufriedenheitsniveaus im Falle einer positiven als auch einer negativen ‚Diskonfirmation', auf das Niveau das bei einer Konfirmation (Ist=Soll-Komponente) entstehen würde.[22]

---

[21] Vgl. Homburg, C./Stock-Homburg, R. (2008): Theoretische Perspektiven zur Kundenzufriedenheit, in: Homburg, C. (Hrsg.): Kundenzufriedenheit. Konzepte–Methoden–Erfahrungen, 7. Aufl., Wiesbaden, S.25

[22] Vgl. Bidmon, S. (2004): Kundenzufriedenheit im Investitionsgütermarketing: theoretische Basis und praktische Durchführung der Messung, Wiesbaden, S.56

2.2.3. Die Assimilations-Kontrast-Theorie

Die ‚Assimilations-Kontrast-Theorie' ist die Kombination der zuvor beschriebenen ‚Assimilations- und Kontrasttheorie'.[23] Für diese Theorie ist die Höhe der Diskrepanz, die bei einem ‚Vergleichsprozess' zwischen ‚Vergleichsstandard' und ‚wahrgenommener Leistung' auftritt, ausschlaggebend. Es wird dabei unterschieden, ob das Maß der Diskrepanz dem Akzeptanz-, Indifferenz- oder Ablehnungsbereich zuzuordnen ist.[24] Ist der Unterschied der Soll- und der Ist-Komponente von marginaler Bedeutung, kommt es zum ‚Assimilations-Effekt'. Der Konsument passt je nach Fall einen der beiden Faktoren nachträglich an, um Konsonanz zu erreichen. Ist die Diskrepanz im Indifferenzbereich, so kommt es zu keiner Anpassung der beiden Komponenten durch eine Person im Nachhinein und das Ergebnis wird nicht verfälscht. Wird jedoch eine hohe Diskrepanz von einem Konsumenten wahrgenommen und fällt diese somit in den Ablehnungsbereich, kommt die Kontrasttheorie zur Anwendung. Ein Person wird dementsprechend eine größere Zufriedenheit oder Unzu-

---

[23] Vgl. Homburg, C./Stock-Homburg, R. (2008): Theoretische Perspektiven zur Kundenzufriedenheit, in: Homburg, C. (Hrsg.): Kundenzufriedenheit. Konzepte–Methoden–Erfahrungen, 7. Aufl., Wiesbaden, S.26

[24] Vgl. Bidmon, S. (2004): Kundenzufriedenheit im Investitionsgütermarketing: theoretische Basis und praktische Durchführung der Messung, Wiesbaden, S.58

friedenheit aufweisen, nachdem die Soll- oder die Ist-Komponente nachträglich verändert wurde.[25]

2.2.4. Das Mehr-Faktoren-Modell der Kundenzufriedenheit

Das ‚Mehr-Faktoren-Modell der Kundenzufriedenheit' ist eine genaue Betrachtung des Leistungsniveaus und dessen Auswirkung auf eine mögliche Kundenzufriedenheit beziehungsweise -unzufriedenheit. Hierbei wird die Leistung in mehrere Faktoren gegliedert und veranschaulicht, sodass diese auf verschiedene Art und Weise die Kundenzufriedenheit beeinflussen. So führen beispielsweise gewisse Faktoren direkt zu einer Zufriedenheit, während andere lediglich Unzufriedenheit abbauen.[26]

Die Grundlage dieses Modells bildet die "Zwei-Faktoren-Theorie" von Herzberg, die für den Sektor der Arbeitszufriedenheit entwickelt wurde. Herzberg unterscheidet hierbei zwischen ‚Hygienefaktoren' und "Motivatoren", die ihrerseits unterschiedliche Auswirkungen auf die Arbeitszufriedenheit haben. So sind "Hygienefaktoren" Merkmale deren Nicht-Erfüllung Unzufrie-

---

[25] Vgl. Homburg, C./Stock-Homburg, R. (2008): Theoretische Perspektiven zur Kundenzufriedenheit, in: Homburg, C. (Hrsg.): Kundenzufriedenheit. Konzepte–Methoden–Erfahrungen, 7. Aufl., Wiesbaden, S.26–27

[26] Vgl. Homburg, C./Stock-Homburg, R. (2008): Theoretische Perspektiven zur Kundenzufriedenheit, in: Homburg, C. (Hrsg.): Kundenzufriedenheit. Konzepte–Methoden–Erfahrungen, 7. Aufl., Wiesbaden, S.32

denheit zur Folge hat, weil diese vom Arbeitnehmer als selbstverständlich angesehen werden. Deren Erfüllung jedoch, unabhängig des Grades, kann jedoch niemals eine Zufriedenheit beim Arbeitnehmer auslösen. Genau umgekehrt wirken sich die ‚Motivatoren' auf die Arbeitszufriedenheit aus. Sie werden vom Arbeitnehmer nicht als selbstverständlich angesehen und haben somit Zufriedenheit als Folge. Die Nicht-Erfüllung von ‚Motivatoren' führt jedoch nicht zu einer Unzufriedenheit.[27] Das ‚Mehr-Faktoren-Modell' beinhaltet die Grundannahmen der von Herzberg entwickelten Theorie, ergänzt um einen weiteren Faktor und übertragen in den Bereich der Kundenzufriedenheit.

Dieses Konzept beinhaltet somit drei Arten von Faktoren. Die "Basisfaktoren" sowie die "Begeisterungsfaktoren", jeweils als Gegenstück zu Herzbergs "Hygienefaktoren" und ‚Motivatoren' und die "Leistungsfaktoren" als Erweiterung der "Zwei-Faktoren-Theorie" von Herzberg.[28] Die "Basisfaktoren" und im weiteren Sinne deren Erfüllung, werden vom Kunden des Öfteren nicht einmal bewusst wahrgenommen, da diese sowieso als Selbstverständlichkeit angenommen werden. Da die Erwartungen der Kunden in Hinsicht auf diese ‚Basisfaktoren' unendlich hoch sind, kann unabhängig

---

[27] Vgl. Van Doorn, J. (2004): Zufriedenheitsdynamik: Eine Panelanalyse bei Industriellen Dienstleistungen, Wiesbaden, S.41

[28] Vgl. Homburg, C./Stock-Homburg, R. (2008): Theoretische Perspektiven zur Kundenzufriedenheit, in: Homburg, C. (Hrsg.): Kundenzufriedenheit. Konzepte–Methoden–Erfahrungen, 7. Aufl., Wiesbaden, S.32–33

vom Ausmaß der Erfüllung niemals ein Konfirmationsniveau erreicht werden. Nicht erbrachte Basisfaktoren
von Gütern oder Dienstleistungen können jedoch starke
Unzufriedenheit zur Folge haben. Das genaue Gegenstück zu den "Basisfaktoren" bilden die "Begeisterungsfaktoren". Da diese vom Kunden nicht als
selbstverständlich angesehen werden, kann dessen
Nicht-Erfüllung keine Unzufriedenheit nach sich ziehen.
Daraus folgt, dass ein Absinken der Zufriedenheit unter
Konfirmationsniveau nicht möglich ist. Die Erfüllung
der "Begeisterungsfaktoren" hingegen führt zum Ansteigen der Kundenzufriedenheit oberhalb des Konfirma-
tionsniveaus. Die dritten Komponenten des "Mehr-
Faktoren-Modells" bilden die sogenannten "Leistungsfaktoren". Hierbei handelt es sich um einen linea-
ren Zusammenhang zwischen dem Leistungsniveaus
(Erfüllungsgrad der Leistungsfaktoren) und der Kundenzufriedenheit. Die Erfüllung beziehungsweise Nicht-
Erfüllung der Leistungsfaktoren, kann eine positive als
auch eine negative ‚Diskonfirmation' und somit im weiteren Sinne eine Zufriedenheit oder Unzufriedenheit zur
Folge haben. Zudem ist es auch möglich, dass bei einem
bestimmten Grad der Erfüllung der Leistungsfaktoren,
exakt das Konfirmationsniveau erreicht werden kann.[29]
In der folgenden Abbildung 3 wird der Zusammenhang
zwischen der Kundenzufriedenheit und des Leis-

---

[29] Vgl. Homburg, C./Stock-Homburg, R. (2008): Theoretische Perspektiven zur
Kundenzufriedenheit, in: Homburg, C. (Hrsg.): Kundenzufriedenheit. Konzepte–Methoden–Erfahrungen, 7. Aufl., Wiesbaden, S.33

tungsniveaus mittels der genannten Faktoren veranschaulicht.

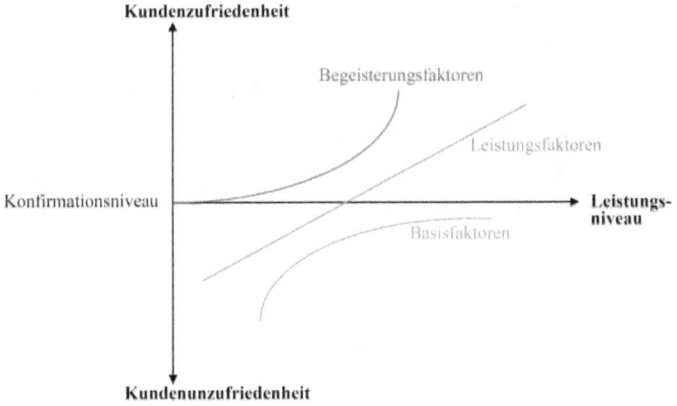

Abbildung 3: Das Mehr-Faktoren-Modell der Kundenzufriedenheit

Quelle: Vgl. Van Doorn, J. (2004): Zufriedenheitsdynamik: Eine Panelanalyse bei Industriellen Dienstleistungen, Wiesbaden, S. 43 und
Homburg, C./Stock-Homburg, R. (2008): Theoretische Perspektiven
zur Kundenzufriedenheit, in: Homburg, C. (Hrsg.): Kundenzufriedenheit. Konzepte–Methoden–Erfahrungen, 7. Aufl., Wiesbaden, S.33

3. Kundenloyalität

Loyalität in der modernen Geschäftswelt kann mitunter als veraltet betrachtet werden. So verlieren amerikanische Aktiengesellschaften im Durchschnitt die Hälfte ihrer Kunden innerhalb von fünf Jahren, die Hälfte ihrer Mitarbeiter in vier und die Hälfte ihrer Investoren in weniger als einem Jahr.[30] Nur für sich betrachtet könnte aus dieser Statistik geschlossen werden, dass Loyalität und in diesem Zusammenhang auch die Kundenloyalität, keinen großen Stellenwert in einem modernen Unternehmen besitzen sollte. Dies ist allerdings ein Trugschluss, wie in nachfolgender Grafik gezeigt wird. Gemessen am Kundenkapitalwert, also jenem Wert, den ein Kunde aus Sicht des Unternehmens für die Zukunft besitzt, werden die Auswirkungen einer 5-prozentigen Steigerung der Bindungsrate in verschiedenen Branchen dargestellt.[31]

---

[30] Vgl. Reichheld, F. (1996), S. 11

[31] Vgl. Reichheld, F. (1996), S. 50

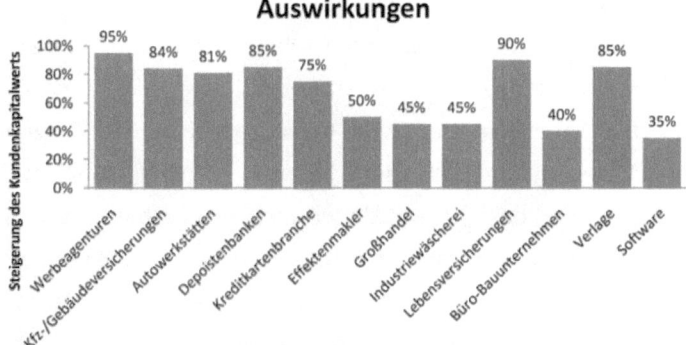

Auswirkungen

Steigerung des Kundenkapitalwerts

100% — 95%
84% 81% 85%
80% — 75%
90% 85%
60% —
50% 45% 45%
40% — 40% 35%
20% —
0%

Werbeagenturen
Kfz-/Gebäudeversicherungen
Autowerkstätten
Depoistenbanken
Kreditkartenbranche
Effektenmakler
Großhandel
Industriewäscherei
Lebensversicherungen
Büro-Bauunternehmen
Verlage
Software

Abbildung 4: Auswirkungen einer 5-prozentigen Steigerung der Bindungsrate auf den Kunden-Kapitalwert: Quelle: Vgl. Reichheld, F. (1996): Der Loyalitäts-Effekt – Die verborgene Kraft hinter Wachstum, Gewinnen und Unternehmenswert, Frankfurt/Main, S. 50

Grundsätzlich kann Kundenloyalität an verschiedenen Objekten beobachtet werden und dementsprechend werden bei der Loyalität von Kunden folgende Formen unterschieden:[32]

- Kundenbeziehungsloyalität
- Markenloyalität
- Produktloyalität
- Ladenloyalität

Die umfangreichste Form dieser Loyalitäten ist die Kundenbeziehungsloyalität, auf welche im nachfolgenden auch näher eingegangen wird.

---

[32] Vgl. Foscht, T./ Swoboda, B. (2007), S. 213

Abgesehen von der Unterscheidung der Loyalität durch den Bezug auf verschiedene Objekte, kann auch nach der Loyalitätsauffassung unterteilt werden. Grundsätzlich werden hier zwei verschiedene Auffassungen vertreten, wobei sich die Erste auf die behavioristische Perspektive bezieht und dabei nur auf messbare Größen zurückgreift. Die zweite Auffassung beruht im Gegensatz dazu auf dem Neo-Behaviorismus und greift auf psychische Komponenten und Messgrößen zurück.[33]

3.1. Behavioristische Loyalitätsauffassungen

Behavioristische Loyalitätsauffassungen beziehen sich ausschließlich auf direkt beobachtbare Messgrößen, die das Verhalten eines Konsumenten erklären wie zum Beispiel die Wiederkaufrate. Wenn anhand dieser Werte eine gewisse Konsistenz im Kaufverhalten eines Kunden festgestellt wird, ist von Kundenloyalität die Rede.[34] Konzepte, die auf solche Messgrößen zurückgreifen, sind beispielsweise das Kaufreihenfolge-Konzept, das Marktanteils-Konzept oder das Markenanzahl-Konzept.[35]

---

[33] Vgl. Foscht, T./ Swoboda, B. (2007), S. 213

[34] Vgl. Fuchs, A. (2010): Kundenbindungsmanagement im Einzelhandel: Eine kausalanalytische Untersuchung am Beispiel des Textilfacheinzelhandels, Wiesbaden, S.71

[35] Vgl. Lorenz, B. (2009): Beziehungen zwischen Konsumenten und Marken: Eine empirische Untersuchung von Markenbeziehungen, Wiesbaden, S.59

Beim Kaufreihenfolge-Konzept werden dann Rückschlüsse auf ein loyales Verhalten gezogen, wenn in einer Periode eine hohe Anzahl von Käufen einer gewissen Marke getätigt werden. Dabei spielt aber auch die Reihenfolge in der die Marken gekauft werden eine wichtige Rolle. Das Marktanteils-Konzept hingegen stellt die Anzahl der Markenkäufe den Gesamtkäufen eines Konsumenten innerhalb der passenden Produktkategorien gegenüber. Das Ergebnis dieser Auswertung ist dann der Anteil der am häufigsten gekauften Marken. Beim ‚Markenanzahl-Konzept' wird die Markentreue ermittelt in dem untersucht wird, wie viele verschiedene Marken ein Konsument innerhalb einer Produktkategorie gekauft hat. Je kleiner die Anzahl der Marken, umso größer wird dessen Markentreue interpretiert.[36]

In der Literatur sind diese Verfahren einer großen Kritik ausgesetzt. Problem dieser Konzepte ist, dass nur das beobachtbare Kaufverhalten eines Kunden als Faktor in Betracht gezogen wird. Es wird hierbei von einer oberflächlichen oder trügerischen Kundenloyalität gesprochen, weil die hinter einem Kauf liegenden Motive eines Konsumenten außer Acht gelassen werden. So könnte beispielsweise auch ein geringes Involvement oder die Bequemlichkeit eines Kunden sowie ein Mangel an Alternativen oder auch ein Versehen zu Wiederkäufen

---

[36] Vgl. Lorenz B. (2009): Beziehungen zwischen Konsumenten und Marken: Eine empirische Untersuchung von Markenbeziehungen, Wiesbaden, S.59–60

führen. Hierbei kann jedoch nicht auf ein loyales Verhalten geschlossen werden.[37]

Bei all diesen Messgrößen, auf die diese Konzepte zurückgreifen, handelt es sich um vergangenheitsbezogene Werte. Somit sind ‚behavioristische' Loyalitätsauffassungen reine Ex-post-Betrachtungen. Der Vorteil dabei liegt in der einfachen Operationalisierung sowie der Verfügbarkeit der Daten. Den ‚behavioristischen' Loyalitätsauffassungen kann eine gemeinsame Hypothese zugrundegelegt werden: ein bisheriges loyales Verhalten hat ein zukünftiges loyales Verhalten zur Folge.[38]

3.2. Neo-behavioristische Loyalitätsauffassungen

Wie zuvor angeführt, kann die Erklärung von Kundenloyalität mittels behavioristischer Ansätze ‚oberflächlich' und ‚trügerisch' sein. In der Literatur herrscht Einigkeit darüber, dass die alleinige Ex-post-Betrachtung des Verhaltens eines Kunden, nicht genügend Aufschluss über dessen Loyalität geben kann. Deshalb fokussieren sich die neo-behavioristischen Ansätze auf Messgrößen, welche die Verhaltensabsicht eines Konsumentens

---

[37] Vgl. Stahl, H. (2006): Kundenloyalität kritisch betrachtet, in: Hinterhuber, H./Matzler, K. (Hrsg.): Kundenorientierte Unternehmensführung. Kundenorientierung–Kundenzufriedenheit – Kundenbindung, 5. Aufl., Wiesbaden, S.88–89

[38] Vgl. Foscht, T./Swoboda, B. (2007): Käuferverhalten. Grundlagen-Perspektiven-Anwendungen, 3. Aufl., Wiesbaden, S.213

beschreiben und messen.[39] Es werden dabei beispielsweise Daten über die Wiederkaufabsicht, die Weite-
rempfehlungsabsicht oder die Zusatzkaufabsicht eines
Konsumenten erhoben.[40] Es handelt sich hierbei um eine
Ex-ante-Betrachtung von nicht direkt beobachtbaren
Größen.[41] Die Kundenloyalität wird in diesem Zusammenhang als ‚positive Einstellung eines Kunden' verstanden. Dieser Definition liegt die Annahme zugrunde,
dass ein Konsument mit einer positiven Einstellung zu
einem Anbieter, sich künftig diesem gegenüber loyal
verhalten wird und somit zu Folgetransaktionen bereit
ist.[42]

---

[39] Vgl. Foscht, T./Swoboda, B. (2007): Käuferverhalten. Grundlagen-
Perspektiven-Anwendungen, 3. Aufl., Wiesbaden, S.214

[40] Vgl. Fuchs, A. (2010): Kundenbindungsmanagement im Einzelhandel: Eine
kausalanalytische Untersuchung am Beispiel des Textilfacheinzelhandels,
Wiesbaden, S.73

[41] Vgl. Foscht, T./Swoboda, B. (2007): Käuferverhalten. Grundlagen-
Perspektiven-Anwendungen, 3. Aufl., Wiesbaden, S.214

[42] Vgl. Fuchs, A. (2010): Kundenbindungsmanagement im Einzelhandel: Eine
kausalanalytische Untersuchung am Beispiel des Textilfacheinzelhandels,
Wiesbaden, S.72–73

4. Loyalitätstypen

Bei den behavioristischen und neo-behavioristischen Theorien wurde nun dargestellt, dass Loyalität sich durch zwei Dimensionen audrückt. Auf der einen Seite ist das die loyale Einstellung, die in den neo-behavioristischen Ansätzen aufgezeigt wurde, und auf der anderen Seite das loyale Verhalten dem Anbieter gegenüber. Werden diese zwei Dimensionen zusammengebracht, zum einen ausgedrückt durch die Einstellung und zum anderen durch die Wiederkaufsrate, ergeben sich, wie in der folgenden Grafik dargestellt, vier Typen von Loyalität.[43]

	Niedrige Wiederkaufsrate	Hohe Wiederkaufsrate
Positive Einstellung	Latente Loyalität	Loyalität
Negative Einstellung	Keine Loyalität	Pseudo-Loyalität

Abbildung 5: Zusammenhang zwischen loyaler Einstellung und loyalem Verhalten:

Quelle: Vgl. Foscht, T/ Swoboda, B. (2007): Käuferverhalten, 3. Aufl., Wiesbaden, S. 215

---

[43] Vgl. Foscht, T/ Swoboda, B. (2007), S. 214

Demnach ergibt sich „keine Loyalität" durch eine Kombination einer geringen Wiederkaufsrate und einer negativen Einstellung. Die negative Einstellung kann auf eine Vielzahl von Möglichkeiten zurückzuführen sein. Zum Beispiel kann mangelnde Qualität oder eine schlechte Kommunikation von Seiten des Unternehmens dafür verantwortlich sein.[44]

„Pseudoloyalität" tritt bei einer hohen Wiederkaufsrate und einer negativen Einstellung auf. Hier besteht anscheinend kein Zusammenhang zwischen der Einstellung und dem Wiederkaufverhalten. Worauf die hohe Wiederkaufsrate zurückzuführen ist, ist meist unklar. Faktoren wie Bequemlichkeit oder sozialer Druck können in manchen Fällen dafür verantwortlich sein.[45]

„Latente Loyalität" stellt eine interessante Form von Loyalität dar, denn der Konsument kauft nicht oder relativ selten, trotz einer positiven Einstellung. Dies kann auch wieder auf verschiedenste Faktoren zurückzuführen sein. Zum Beispiel ist es möglich, dass der Konsument sich nach Abwechslung sehnt und sich darum trotz positiver Einstellung für ein anderes Produkt entscheidet. Möglich wäre auch, dass die finanziellen Möglichkeiten im Moment nicht für das Produkt reichen, für das er sich eigentlich entscheiden würde.[46]

---

[44] Vgl. Foscht, T/ Swoboda, B. (2007), S. 215

[45] Vgl. Foscht, T/ Swoboda, B. (2007), S. 215

[46] Vgl. Foscht, T/ Swoboda, B. (2007), S. 215

„Loyalität" als Typ stellt den bestmöglichen Fall einer Einstellung für ein Unternehmen dar. Der Kunde ist positiv eingestellt und kauft immer wieder ein.

4.1. Theoretische Ansätze zur Erklärung von Kundenloyalität

In der Literatur gibt es eine Vielzahl von Theorien die herangezogen werden können, um Kundenloyalität zu erklären.[47] Dabei können einige davon, zu den erklärten ‚behavioristischen' und ‚neo-behavioristischen' Loyalitätsauffassungen zugeordnet werden. Folgend werden die psychologischen Theorien die der Sphäre des Neo-Behaviorismus entstammen näher erläutert. Es handelt sich hierbei um die ‚Lerntheorie', die ‚Risikotheorie' und die ‚Dissonanztheorie'.[48]

4.1.1. Die Lerntheorie

Lernen ist eine Veränderung des Verhaltens eines Individuums aufgrund von in gewissen Situationen gesammelten Erfahrungen. Dieser sehr häufig genutzten Definition nach kann Lernen ausschließlich auf beobachtbare Verhaltensänderungen beruhen. Der nicht beobachtbare

---

[47] Vgl. Foscht, T. (2002): Kundenloyalität: Integrative Konzeption und Analyse der Verhaltens- und Profitabilitätswirkungen, Wiesbaden, S.21

[48] Vgl. Bruhn, M. (2009): Relationship Marketing : Das Management von Kundenbeziehungen, 2. Aufl., München, S.20

Prozess der Informationsverarbeitung wird jedoch auch sehr häufig als Lernen verstanden. Es handelt sich hierbei um einen intervenierenden psychischen Vorgang, der zu einer Veränderung der Verhaltensmöglichkeiten führt. Es kommt dabei aber nicht zwingend zu einer Verhaltensänderung.[49] Es gibt viele Theorien die versuchen Lernen zu beschreiben. Das ‚Lernen nach dem Verstärkungsprinzip' und das ‚Lernen am Modell' sind zwei Ansätze die in Bezug auf die Kundenloyalität einen hohen Erklärungsgehalt aufweisen.[50]

Das Lernen nach dem Verstärkungsprinzip sagt aus, dass Verhaltensweisen eines Konsumenten beibehalten werden, welche aus der Erfahrung heraus in der Vergangenheit zu einem Nutzen geführt haben. Jene Verhaltensweisen die keinen Nutzen eingebracht haben führen zu einer Veränderungen des Verhaltens.[51] Das Konzept des Lernens am Modell hingegen, sieht das soziale Umfeld, vor allem die eigene Familie eines Konsumenten, als maßgeblichen Einflussfaktor für dessen Verhalten. So übernimmt beispielsweise ein Konsument Erfahrungen und Konsumgewohnheiten die er in seinem Umfeld beobachtet hat. Es sind also Nachahmun-

---

[49] Vgl. Kroeber-Riel, W./Weinberg, P. (1996): Konsumentenverhalten, 6. Aufl., München, S.316

[50] Vgl. Foscht, T. (2002): Kundenloyalität: Integrative Konzeption und Analyse der Verhaltens- und Profitabilitätswirkungen, Wiesbaden, S.22

[51] Vgl. Homburg, C./Bruhn, M. (2008): Kundenbindungsmanagement: Eine Einführung in die theoretischen und praktischen Problemstellungen, in: Bruhn, M./Homburg, C. (Hrsg.): Handbuch Kundenbindungs- management, 6. Aufl., Wiesbaden, S.14

gen oder Imitationen eines vom Modell vorgeführten und vom Konsumenten beobachteten Verhaltens.[52]

4.1.2. Die Risikotheorie

Der Kauf eines Produktes kann mit einem finanziellen, funktionalen, gesundheitlichen, sozialen oder psychischen Risiko in Verbindung gebracht werden.[53] Das Risiko kann hierbei auf Grund von unvollständigen Informationen zustande kommen. Risiko entsteht dann, wenn es zu Abweichungen zwischen gewissen Standards und Erwartungen eines Kunden und dessen suggerierten Folgen eines Kaufs kommt.[54] Die ‚Risikotheorie‘ beschreibt das Kaufverhalten eines Konsumenten und in weiterer Folge auch dessen Loyalität, als Versuch das wahrgenommene Risiko zu minimieren. Es gibt verschiedene Möglichkeiten für ein Individuum das Risiko zu senken. Grundsätzlich ist aber davon auszugehen, dass dies erst ab einer gewissen Toleranzschwelle versucht wird.[55] Eine mögliche Strategie besteht darin, die Erwartungen und Standards – also das Anspruchsniveau – zu senken. Auch die Beschaffung von zusätzlichen Informationen

---

[52] Vgl. Foscht, T. (2002): Kundenloyalität: Integrative Konzeption und Analyse der Verhaltens- und Profitabilitätswirkungen, Wiesbaden, S.22–23

[53] Vgl. Foscht, T. (2002): Kundenloyalität: Integrative Konzeption und Analyse der Verhaltens- und Profitabilitätswirkungen, Wiesbaden, S.23

[54] Vgl. Kroeber-Riel, W./Weinberg, P. (1996): Konsumentenverhalten, 6. Aufl., München, S.248

[55] Vgl. Kroeber-Riel, W./Weinberg, P. (1996): Konsumentenverhalten, 6. Aufl., München, S.388

oder das Nachahmen des Verhaltens anderer Konsumenten ist hierbei eine Option. Ein loyales Verhalten kann im Bezug auf die Reduktion des Risikos auch eine mögliche Strategie sein, da hierbei der Konsument aus vergangenen Transaktionen und den daraus resultierten Erfahrungen, Rückschlüsse auf ein geringes Risiko ziehen kann.[56]

4.1.3. Die Dissonanztheorie

Das Streben eines Individuums nach einem dauerhaften Gleichgewicht seines kognitiven Systems wird in der Literatur als ‚Dissonanztheorie' beschrieben.[57] Es handelt sich hierbei um das Bedürfnis nach einem inneren Ausgleich oder einer Konsistenz von Kognitionen, wie zum Beispiel Werten, Einstellungen, Kenntnissen und Informationen eines Menschen. Es werden dabei nur Kognitionen in Betracht gezogen, die in einer Beziehung miteinander stehen.[58] Sind nun zusammenhängende Kognitionen konsistent, so wird von einer konsonanten Beziehung gesprochen. Kommt es jedoch zu Inkonsistenz zwischen miteinander verbundenen Kognitionen, wird

---

[56] Vgl. Foscht, T. (2002): Kundenloyalität: Integrative Konzeption und Analyse der Verhaltens- und Profitabilitätswirkungen, Wiesbaden, S.24

[57] Vgl. Homburg, C./Bruhn, M. (2008): Kundenbindungsmanagement: Eine Einführung in die theoretischen und praktischen Problemstellungen, in: Bruhn, M./Homburg, C. (Hrsg.): Handbuch Kundenbindungsmanagement, 6. Aufl., Wiesbaden, S.15

[58] Vgl. Foscht, T. (2002): Kundenloyalität: Integrative Konzeption und Analyse der Verhaltens- und Profitabilitätswirkungen, Wiesbaden, S.25–26

das innere Gleichgewicht gestört und es resultiert daraus eine kognitive Dissonanz. Es kommt somit zu einer psychischen Spannung eines Individuums, welche als unbequem empfunden wird.[59]

Dissonanzen können prinzipiell aufgrund von Neuigkeiten entstehen, wie zum Beispiel neuer Informationen oder neuer Ereignisse, aber auch aus kleinen alltäglichen Widersprüchen. Abhängig von der Bedeutung inkonsistenter Kognitionen für ein Individuum sind Dissonanzen unterschiedlich stark ausgeprägt. Demzufolge existieren auch individuell unterschiedliche Toleranzschwellen, die bei Überschreitung einen Menschen zum Handeln bewegen. Das Verhalten richtet sich dabei auf die Reduktion von bestehenden Dissonanzen, sowie die zukünftige Vermeidung vergangener Situationen, welche zu Dissonanzen geführt haben.[60] Umgemünzt auf die Loyalität von Konsumenten bedeutet dies, dass Konsumenten Geschäftsbeziehungen präferieren in denen es in der Vergangenheit zu keinen Dissonanzen und somit zu einem für sie psychischen Gleichgewicht gekommen ist.[61]

---

[59] Vgl. Festinger, L. (1957): A Theory of Cognitive Dissonance, Stanford, p.58–61

[60] Vgl. Foscht, T. (2002): Kundenloyalität: Integrative Konzeption und Analyse der Verhaltens- und Profitabilitätswirkungen, Wiesbaden, S.27–28

[61] Vgl. Kroeber-Riel, W./Weinberg, P. (1996): Konsumentenverhalten, 6. Aufl., München, S.186

4.2. Zusammenhang zwischen Kundenzufriedenheit, Loyalität und Profitabilität

In den letzten Jahren ist das Generieren von Kundenzufriedenheit ein wesentliches Ziel vieler Unternehmen geworden. Dafür werden in die systematische Messung und Steigerung der Kundenzufriedenheit beachtliche Summen investiert. Der Grund dafür ist, dass sich Unternehmen über den Zusammenhang zwischen Kundenzufriedenheit und Kundenloyalität, aber wichtiger noch über dessen Auswirkung auf die Profitabilität eines Unternehmens, bewusst geworden sind.[62]

In der Literatur herrscht im Großen und Ganzen darüber Einigkeit, dass es sich um einen positiven Zusammenhang zwischen Kundenzufriedenheit und Kundenloyalität handelt.[63] Die Erforschung der Struktur des Zusammenhangs ist jedoch für die Wissenschaft noch relatives Neuland. Es gibt noch keinen Konsens über den Verlauf der Funktion. In Studien haben sich bis dato verschiedene nichtlineare Funktionsverläufe hervorgehoben.[64] Die nachfolgende Abbildung 6 zeigt die mögli-

---

[62] Vgl. Homburg, C./Brucerius, M. (2008): Kundenzufriedenheit als Managementherausforderung, in: Homburg, C. (Hrsg.): Kundenzufriedenheit. Konzepte–Methoden–Erfahrungen, 7. Aufl., Wiesbaden, S.55

[63] Vgl. Foscht, T./Swoboda, B. (2007): Käuferverhalten. Grundlagen-Perspektiven-Anwendungen, 3. Aufl., Wiesbaden, S.220

[64] Vgl. Homburg, C./Brucerius, M. (2008): Kundenzufriedenheit als Managementherausforderung, in: Homburg, C. (Hrsg.): Kundenzufriedenheit. Konzepte–Methoden–Erfahrungen, 7. Aufl., Wiesbaden, S.60

chen funktionalen Zusammenhänge zwischen Kundenzufriedenheit und Loyalität.

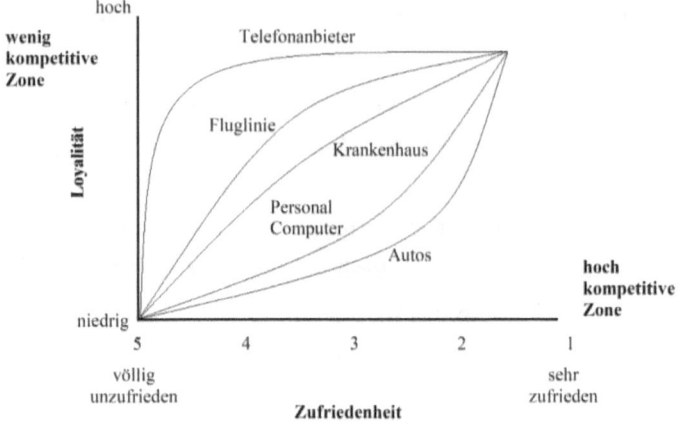

Abbildung 6: Zusammenhang zwischen Kundenzufriedenheit und
Kundenloyalität

Quelle: Vgl. Foscht, T./Swoboda, B. (2007): Käuferverhalten. Grundlagen-Perspektiven-Anwendungen, 3. Aufl., Wiesbaden, S.220

Die verschiedenen Verläufe ergeben sich daraus, dass
abhängig von der Branche und dem kompetitiven Umfeld, sich die Kundenzufriedenheit unterschiedlich auf
die Kundenloyalität auswirkt. In einem hoch kompetitiven Umfeld, wie beispielsweise dem Automobilsektor,
gibt es so gut wie keine Wechselkosten und eine Vielzahl von substituierbaren Gütern. Bei einer Änderung
der Zufriedenheit wechseln Kunden demnach sehr
schnell den Anbieter. Starke Marken, hohe Wechselkosten, wenig substituierbare Güter und eine mono-
polähnliche Situation sind charakteristisch für Branchen

in einem wenig kompetitiven Umfeld. Es ist somit für Konsumenten deutlich schwerer den Anbieter bei sinkender Zufriedenheit zu wechseln.[65]

4.3. Moderatoren des Zusammenhangs zwischen Kundenzufriedenheit und Loyalität

Wie stark der Zusammenhang zwischen der Kundenzufriedenheit und der Kundenloyalität ausgeprägt ist, wird von gewissen Einflussfaktoren, den sogenannten ‚Moderatoren' bestimmt. Dabei werden diese Moderator-Variablen in fünf Gruppen unterteilt. Es handelt sich dabei um die Merkmale des Produktes, des Anbieters, des Marktumfeldes, der Geschäftsbeziehung und der Kunden.[66]

Das Involvement ist beispielsweise ein Einflussfaktor, der zur Gruppe Merkmale der Kunden gehört. Demnach verhalten sich zufriedene Konsumenten verstärkt loyaler, wenn für sie das Produkt einen hohen Stellenwert oder eine große Bedeutung hat. Eine weitere Größe, welche Auswirkungen auf die Beziehungen zwischen Kundenzufriedenheit und Kundenloyalität hat, ist die Produktkomplexität. In diesem Fall entstehen bei zunehmender Komplexität eines Produktes, technologische

---

[65] Vgl. Foscht, T./Swoboda, B. (2007): Käuferverhalten. Grundlagen-Perspektiven-Anwendungen, 3. Aufl., Wiesbaden, S.220

[66] Vgl. Homburg, C./Brucerius, M. (2008): Kundenzufriedenheit als Managementherausforderung, in: Homburg, C. (Hrsg.): Kundenzufriedenheit. Konzepte–Methoden–Erfahrungen, 7. Aufl., Wiesbaden, S.61

als auch informationsbedingte Wechselbarrieren. Aufgrund dieser Hindernisse ist eine Abwanderung zu Konkurrenzprodukten trotz einer möglichen Unzufriedenheit eines Konsumenten als eher unwahrscheinlich einzustufen.[67] In der folgenden Abbildung werden die fünf Gruppen und deren zuordenbaren Moderatoren veranschaulicht.

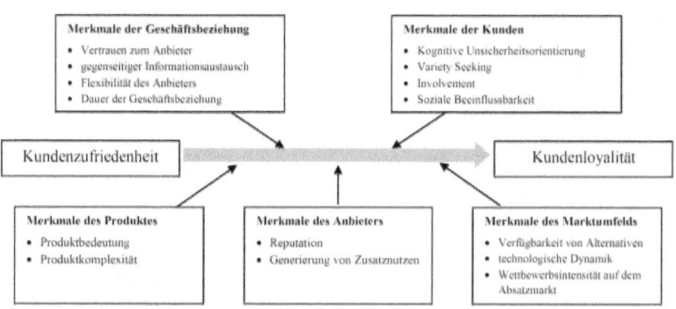

Abbildung 7: Mögliche Moderatoren des Zusammenhangs zwischen Kundenzufriedenheit und Kundenloyalität
Quelle: Vgl. Foscht, T./Swoboda, B. (2007): Käuferverhalten. Grundlagen-Perspektiven-Anwendungen, 3. Aufl., Wiesbaden, S.221

4.4. Wirkungskette zwischen Kundenzufriedenheit, Loyalität und Profitabilität

Die Auswirkung von Kundenzufriedenheit ist das loyale Verhalten von Konsumenten, dass in weiterer Folge Einfluss auf den Profit eines Unternehmens haben kann. In diesem Kontext wird von einer Wirkungskette zwis-

---

[67] Vgl. Foscht, T./Swoboda, B. (2007): Käuferverhalten. Grundlagen-Perspektive-Anwendungen, 3. Aufl., Wiesbaden, S.221–222

chen Kundenzufriedenheit, Kundenloyalität und Profitabilität gesprochen. Im Regelfall ist davon auszugehen, dass zufriedene und loyale Kunden eine positive Auswirkung auf den Gewinn einer Firma haben.[68] Die nachfolgende Grafik veranschaulicht, inwiefern sich das loyale Verhalten eines Konsumenten auf den Gewinn eines Unternehmens auswirkt.

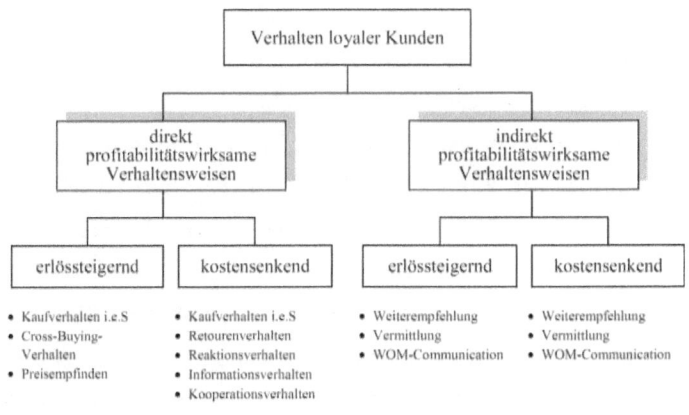

Abbildung 8: Verhaltensweisen loyaler Kunden

Quelle: Vgl. Foscht, T./Swoboda, B. (2007): Käuferverhalten. Grundlagen-Perspektiven-Anwendungen, 3. Aufl., Wiesbaden, S.223

Wie in der vorhergehenden Abbildung 8 ersichtlich, wird grundsätzlich zwischen direkt profitabilitätswirksamen und indirekt profitabilitätswirksamen Verhaltensweisen loyaler Kunden unterschieden. Das unmit-

---

[68] Vgl. Foscht, T./Swoboda, B. (2007): Käuferverhalten. Grundlagen-Perspektive-Anwendungen, 3. Aufl., Wiesbaden, S.212–222

telbare Verhalten eines Konsumenten einem Unternehmen gegenüber, ist in diesem Kontext direkt profitabilitätswirksam. Kommt es zur Beeinflussung anderer Personen durch einen Kunden die dann in weiterer Folge den Geschäftsgewinn positiv beeinflussen, so ist von einem indirekt profitabilitätswirksamen Verhalten die Rede. Beide Verhaltensweisen können einerseits erlössteigernde als auch kostensenkende Auswirkungen mit sich bringen.[69]

Wichtige Aspekte bei der Betrachtung der Wirkungskette sind die Kosten, welche entstehen, wenn ein Unternehmen versucht mittels Marketinginstrumenten einen Gewinn aus der Bindung von Kunden zu erwirtschaften. Das Problem an der Steigerung der Kundenzufriedenheit und Kundenloyalität ist, dass die Kosten im Regelfall umso mehr ansteigen, je höher das bereits vorhandene Zufriedenheitsniveau ist. Für ein Unternehmen ist es daher wichtig zu wissen, ab welchen Punkt, weitere Maßnahmen zur Steigerung der Kundenzufriedenheit und der Kundenloyalität nicht mehr wirtschaftlich sind.[70]

---

[69] Vgl. Foscht, T. (2002): Kundenloyalität: Integrative Konzeption und Analyse der Verhaltens- und Profitabilitätswirkungen, Wiesbaden, S.129

[70] Vgl. Foscht, T./Swoboda, B. (2007): Käuferverhalten. Grundlagen-Perspektiven-Anwendungen, 3. Aufl., Wiesbaden, S.224

5. Empirische Studie

Bevor näher auf die durchgeführte empirische Studie eingegangen wird, soll noch der Prozess des Autokaufes kurz beschrieben werden. Bei einem Automobil handelt es sich um ein langlebiges Gebrauchsgut, das im Gegensatz zu vielen anderen Produkten, selten gekauft wird. Vor jedem Kauf stellen sich eine Reihe finanzieller oder produktspezifischer Fragen. Dadurch ist der Konsument gezwungen eine aufwendige Informationssuche vorzunehmen, um sich ein Bild über das aktuelle Angebot zu machen. Dieser Kaufentscheidungsprozess entspricht in den meisten Fällen einer extensiven Kaufentscheidung, bei der mehrere Phasen eines Prozesses durchlaufen werden müssen.[71]

Die wohl wichtigste Frage für Unternehmen hinsichtlich der Kundenzufriedenheit und der Kundenloyalität ist die des wirtschaftlichen Nutzens. Wie im theoretischen Teil dieser Arbeit schon aufgearbeitet, ist es das Zusammenspiel zwischen der Zufriedenheit und der Loyalität eines Kunden, das schlussendlich einen Einfluss auf die Profitabilität eines Unternehmens haben kann. Denn zufriedene Kunden sind gleich loyale Kunden und somit gewinnbringende Kunden. Mittels eines Analyseverfahrens, soll diese Studie zudem auch Aufschluss auf genau diesen Zusammenhang geben.

---

[71] Vgl. Holland, H.(2006), S. 567

5.1. Kaufphasen

Die Motor Presse Stuttgart hat, wie in der nachfolgenden Grafik dargestellt, sechs Phasen angeführt, die vor, nach und während eines Autokaufs auftreten.

Abbildung 9: Das sechs Phasen Modell von Motor Presse Stuttgart: Quelle: Holland, H.(2006): S. 567

Da es den Umfang dieser Arbeit überschreiten würde, ist es sinnvoll, diese sechs Phasen auf drei zu kürzen:[72]

- Die Vorkaufphase, bei der der Kunde erwägt, ein neues Fahrzeug zu kaufen und Informationen einholt.
- Die Kaufphase, die bei Erfolg in einem Kauf endet.
- Die Produktnutzungsphase, in der Nachkauferlebnisse auftreten.

---

[72] Vgl. Stechmann, L. (2011), S. 31

In jeder der einzelnen Phasen können Kontakte zwischen Händler und Kunden stattfinden, wobei diese Kontakte mit unterschiedlicher Häufigkeit auftreten. Auch muss hier beachtet werden, dass die subjektiven Wahrnehmungen der Kontakte sich von Kunde zu Kunde unterscheiden können.[73]

In der Vorkaufphase sucht der Kunde auf verschiedensten Wegen, wie im Internet, in Prospekten oder Testberichten, nach Informationen und es kann zu ersten Kontakten mit dem Händler kommen. Nach Abschluss dieser Phase kommt es zum Kauferlebnis in Form der Kaufphase. Ein oder mehrere Angebote werden eingeholt, das Fahrzeug wird bestellt und es kommt zum Vertragsabschluss.[74] In der Nachkaufphase treten die ersten konkreten Erfahrungen mit dem neu gekauften Produkt auf und der Kunde stellt diese seinen Erwartungen gegenüber. In dieser Phase ist es für einen Autohändler am schwierigsten eine etwaige Unzufriedenheit aufzudecken und dieser entgegenzuwirken.[75]

[73] Vgl. Stechmann, L. (2011), S. 31
[74] Vgl. Stechmann, L. (2011), S. 32
[75] Vgl. Holland, H.(2006), S. 568

5.2. Design der Studie

Bei der durchgeführten Studie handelt es sich um einen anonym ausgewerteten und vertraulich behandelten Fragebogen. Studierende am Institut für Marketing der Karl-Franzens-Universität führten im Jahr 2011 mittels dieses Fragebogens eine Analyse zum Verhalten beim Autokauf durch. Die insgesamt 23 Fragestellungen gaben dabei Aufschluss über die Themengebiete Automarken, Autokauf und Autohändler.

Im Rahmen der Studie wurden 384 Autobesitzer mit Hauptwohnsitz in der Steiermark befragt. Dabei waren 53,1% davon Männer und der Rest Frauen in einem Alter zwischen 30 und >60 Jahren. Die Befragung fand mittels eines Fragebogens, der 23 Fragen umfasste, statt, wobei die Themen von Automarken, den Autokauf bis zum Autohändler umfassten. Für diese Arbeit wurden speziell jene Fragen ausgewertet, die im Bezug auf den Autohandel Gültigkeit besitzen.

Die händisch ausgefüllten Fragebögen, wurden in das statistische Datenverarbeitungsprogramm SPSS eingetragen und auch damit ausgewertet. Im Folgenden werden diese Auswertungen präsentiert und näher erläutert. Die erhobenen Daten wurden über das statistische Datenverarbeitungsprogramm SPSS ausgewertet.

Die nachfolgenden Grafiken liefern Auskünfte über die Ausbildung und den Beruf der Probanden in absoluten Zahlen.

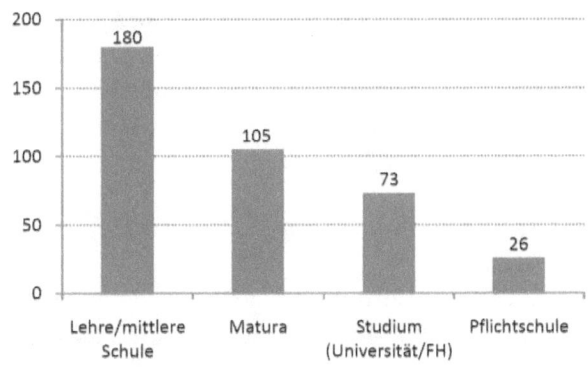

Abbildung 10: Ausbildung der Probanden
Quelle: Eigene Darstellung

Abbildung 10 veranschaulicht welche Ausbildung die Probanden hatten. 206 Personen machten eine Lehre, absolvierten eine mittlere Schule, oder hatten einen Pflichtschulabschluss. Die restlichen 178 Befragten hatten eine Matura oder einen Studium Abschluss.

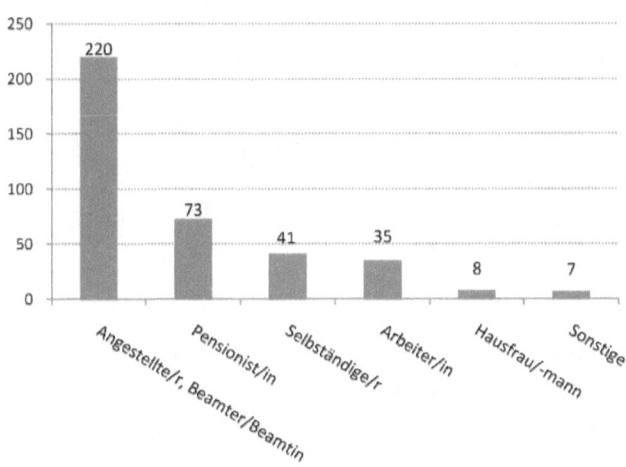

Abbildung 11: Beruf der Probanden - Quelle: Eigene Darstellung

43

Abbildung 11 zeigt welchen Beruf die Probanden zur Zeit der Befragung ausübten. Auffällig dabei war, dass die überwiegende Mehrheit von 220 Personen entweder einen Angestellten oder Beamten Beruf ausübte.

5.3. Zufriedenheit mit dem Autohändler

In diesem Abschnitt wird zuerst gezeigt, wie zufrieden die Personen allgemein mit ihrem Autohändler sind und in weiterer Folge, welche Faktoren dafür verantwortlich sein können. Als Auswahlmöglichkeit standen 5 Kategorien von „sehr zufrieden" bis „nicht zufrieden". Wie in Abbildung 12 erkennbar, sind 51,4% aller befragten Personen, unter der Bedingung, dass sie schon einmal bei einem Autohändler eingekauft haben, mit ihrem Autohändler sehr zufrieden. Wobei hier beachtet werden muss, dass sich diese Frage nur auf den Letztkauf bezog.

	Prozent	Kumulierte Prozent
Sehr zufrieden	51,4	51,4
Eher zufrieden	38,3	89,8
Weder noch	4,7	94,5
Eher nicht zufrieden	3,1	97,6
Nicht zufrieden	2,4	100

Abbildung 12: Allgemeine Zufriedenheit mit dem Autohändler
Quelle: Eigene Darstellung

In der folgenden Grafik ist die eben angeführte Tabelle noch einmal grafisch dargestellt, wobei hier deutlich sichtbar ist, dass ein Großteil der Befragten eine der ersten beiden Antwortkategorien(sehr zufrieden und eher zufrieden) gewählt hat. Zusammen machen diese beiden fast 90% der Antworten.

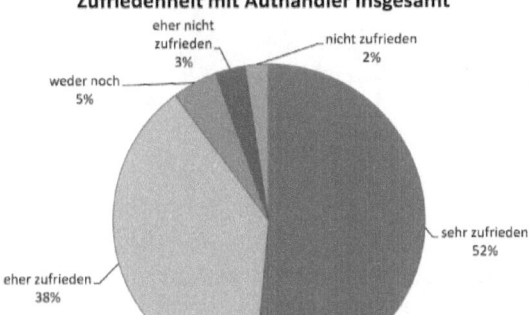

Abbildung 13: Grafische Darstellung der allgemeinen Zufriedenheit
Quelle: Eigene Darstellung

5.3.1. Zufriedenheitsfaktoren beim Autohändler

Als nächstes soll die Frage beantwortet werden, welche Faktoren für solch eine große Zufriedenheit mit den Autohändler sorgen und welche Faktoren vielleicht noch verbessert werden können. Im Rahmen dieser Frage mussten die befragten Personen 21 Faktoren in Bezug auf ihren Autohändler bewerten. Wobei auch hier wieder auf den Letztkauf Bezug genommen wurde.

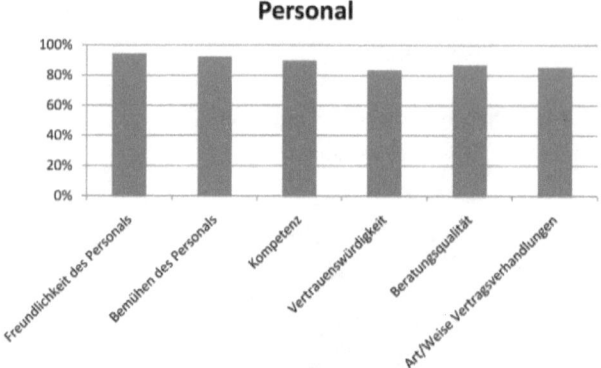

Personal

Abbildung 14: Kundenzufriedenheit beim Autohändler im Bereich Personal: Quelle: Eigene Darstellung

Im oben angeführten Diagramm werden die Ergebnisse im Bereich des Personals eines Autohändlers grafisch dargestellt. Dabei gab es fünf Antwortmöglichkeiten des Zufriedenheit-Grades, von „trifft voll zu" bis „trifft überhaupt nicht zu". Wobei hier die ersten beiden Kategorien, „trifft voll zu" und „trifft zu", zusammengezählt wurden. Wie zu sehen ist, sind in allen Bereichen des Personals zumindest 80% der befragten Personen zufrieden oder sehr zufrieden. Der niedrigste Wert wurde im Bereich der Vertrauenswürdigkeit mit immerhin 82% erreicht. Hier sind anscheinend noch Verbesserungsmöglichkeiten gegeben.

Im den folgenden beiden Grafiken werden weitere Faktoren in Verbindung mit ihrer Zufriedenheit dargestellt, wobei auch hier wieder beachtet werden muss, dass es sich um kumulierte Werte der ersten beiden Antwortkategorien handelt.

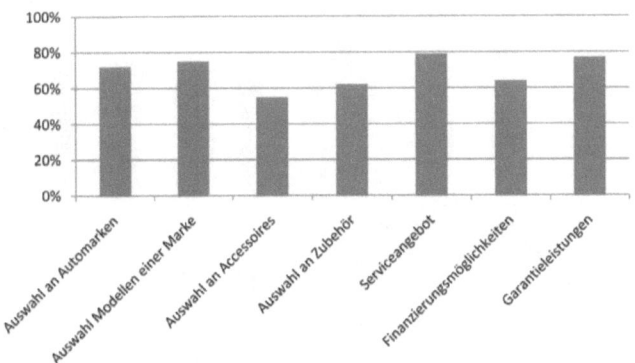

Abbildung 15: Kundenzufriedenheit beim Autohändler mit verschiedenen Faktoren: Quelle: Eigene Darstellung

Im Vergleich zum Personal werden in der oben angeführten Grafik durchschnittlich weniger Prozentpunkte erzielt. Besonders auffällig dabei ist die Auswahl an Accessoires, wo nur knapp über 50% der Befragten angaben sehr zufrieden oder zufrieden zu sein. Außerdem besteht bei der Auswahl an Zubehör und den Finanzierungsmöglichkeiten noch ein Steigerungspotenzial, wo knapp über 60% Zufriedenheit erzielt wurde.

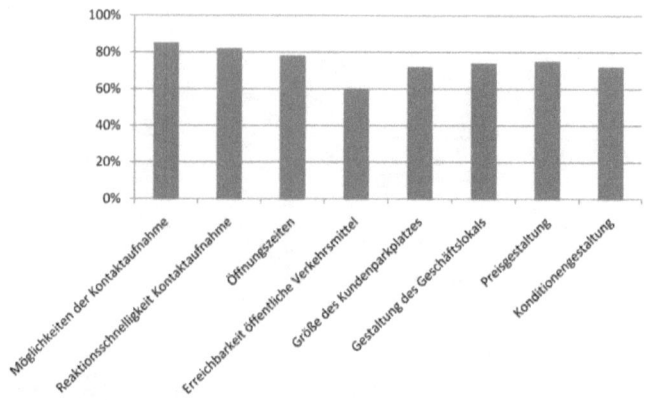

Abbildung 16: Kundenzufriedenheit beim Autohändler mit verschiedenen Faktoren: Quelle: Eigene Darstellung

Die oben angeführte Grafik stellt eine Fortsetzung der vorherigen Auswertung dar. Auch hier erreicht keiner der Faktoren, im Gegensatz zum Bereich Personal, eine 90prozentige Zufriedenheitsquote. Besonders schlecht schnitt die Erreichbarkeit mit öffentlichen Verkehrsmitteln ab, wo nur knapp 60% der befragten Personen angaben sehr zufrieden oder zufrieden zu sein. Währenddessen die befragten Personen bei der Möglichkeit zur Kontaktaufnahme mit über 80% äußerst zufrieden waren.

5.3.2. Wiederkaufverhalten beim Händler

Im folgenden Abschnitt wird gezeigt, wie weit die befragten Personen bei dem Autohändler wieder einen PKW kaufen würden, bei dem sie zuletzt gekauft haben. Dabei gab es fünf Antwortmöglichkeiten von „trifft voll zu" bis „trifft überhaupt nicht zu". In der nachfolgenden Tabelle sind die Angaben der Befragten in Prozent und in den kumulierte Prozent aufgelistet.

	Prozent	Kumulierte Prozent
Trifft voll zu	36,4	36,4
Trifft eher zu	39,3	75,7
Teils-teils	13,6	89,3
Trifft eher nicht zu	5,0	94,2
Trifft überhaupt nicht zu	5,8	100

Abbildung 17: Wiederkaufverhalten tabellarisch aufgelistet
Quelle: Eigene Darstellung

In Abbildung 17 ist die Tabelle noch einmal grafisch aufbereitet, wobei deutlich zu sehen ist, dass eine große Mehrheit an Personen angab, eher oder sicher wieder beim zuletzt gewählten Autohändler ein Fahrzeug zu kaufen

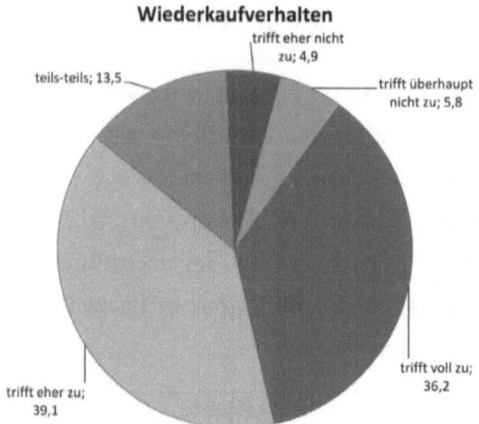

Abbildung 18: Wiederkaufverhalten grafisch dargestellt:
Quelle: Eigene Darstellung

5.3.3. Weiterempfehlung des Händlers

Im theoretischen Teil zur Kundenloyalität als Vorteil
bereits angeführt, soll in dieser Auswertung dargestellt
werden, wie weit die befragten Personen ihren zuletzt
gewählten Autohändler weiterempfehlen würden. Zur
Auswahl standen wiederum fünf Antwortmöglichkeiten
von „trifft voll zu" bis „trifft überhaupt nicht zu".

	Prozent	Kumulierte Prozent
Trifft voll zu	43,7	43,7
Trifft eher zu	34,8	78,5
Teils-teils	14,1	92,7
Trifft eher nicht zu	2,4	95,0
Trifft überhaupt nicht zu	5,0	100,0

Abbildung 19: Weiterempfehlung des Autohändlers tabellarisch
aufgelistet: Quelle: Eigene Darstellung

Mund-zu-Mund Propaganda stellt einen wichtigen positiven Effekt der Kundenloyalität dar, und wie in der unten dargestellten Grafik gut zu sehen ist, würde eine deutliche Mehrheit der Befragten ihren Autohändler weiterempfehlen. Fast 80% der befragten Personen entschieden sich für die Antwortmöglichkeit „trifft zu" oder „trifft eher zu".

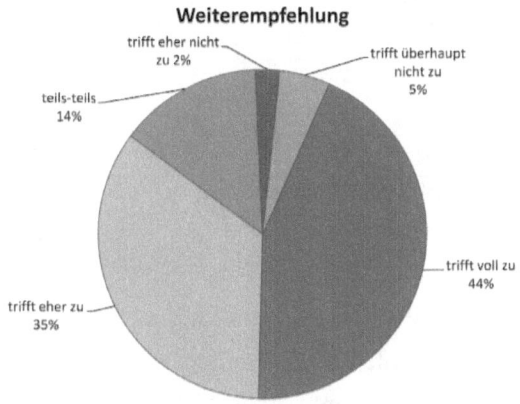

Abbildung 20: Weiterempfehlung des Autohändlers grafisch dargestellt: Quelle: Eigene Darstellung

5.3.4. Inanspruchnahme anderer Leistungen bzw. Produkte

Wie bereits bei der Weiterempfehlung des Autohändlers, handelt es sich bei der Inanspruchnahme anderer Leistungen, auch Cross-Selling genannt, um einen Vorteil der Kundenloyalität. Dabei wurden die Personen befragt, ob sie bei ihrem Autohändler, bei dem sie zuletzt einen PKW erworben hatten, auch andere

Leistungen in Anspruch nehmen oder andere Produkte kaufen würden. Wie bereits bei den vorherigen Auswertungen, gab es auch hier fünf Antwortkategorien, von „trifft voll zu" bis „trifft überhaupt nicht zu". In der unten angeführten Tabelle sind die Ergebnisse nach Häufigkeiten aufgelistet.

	Prozent	Kumulierte Prozent
Trifft voll zu	26,3	26,3
Trifft eher zu	34,5	60,8
Teils-teils	21,6	82,4
Trifft eher nicht zu	8,4	90,8
Trifft überhaupt nicht zu	9,2	100,0

Abbildung 21: Inanspruchnahme anderer Leistungen bzw. Produkte beim Autohändler; Quelle: Eigene Darstellung

Während bei der Auswertung des Wiederkaufverhaltens und der Weiterempfehlung die Kategorien „trifft voll zu" und trifft eher zu" immer über 75% der Befragten auswählten, ergibt sich bei der Inanspruchnahme anderer Leistungen oder Produkte nur ein Wert von 60,8%. In Abbildung 21 lässt sich das gut erkennen.

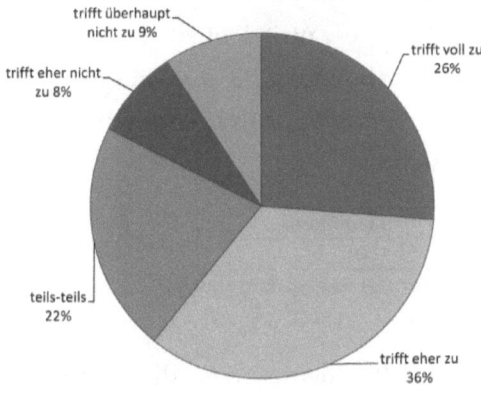

**Inanspruchnahme anderer
Leistungen bzw. Produkte**

trifft überhaupt
nicht zu 9%

trifft voll zu
26%

trifft eher nicht
zu 8%

teils-teils
22%

trifft eher zu
36%

Abbildung 22: Inanspruchnahme anderer Leistungen bzw. Produkte
beim Autohändler, Quelle: Eigene Darstellung

5.3.5. Zufriedenheit und Loyalität mit dem Händler – Ein Zusammenhang

Nachdem die Kundenloyalität durch die Faktoren Wiederkaufverhalten, Weiterempfehlung und Inanspruchnahme anderer Leistungen gezeigt wurde, wird im Folgenden analysiert, wie weit die Kundenzufriedenheit damit zusammenhängt. Wie im theoretischen Teil beschrieben, bildet die Kundenzufriedenheit einen wichtigen Faktor für die Kundenloyalität. Mittels einer Regressionsanalyse, bei der der Einfluss einer Variablen auf eine andere Variable berechnet werden kann, wird gezeigt, dass die Kundenzufriedenheit auf die Kundenloyalität wirkt. Dabei wurde auf Seite der Kundenloyalität ein Mittelwert aus den drei Punkten Wiederkaufverhalten,

Weiterempfehlung und Inanspruchnahme anderer Leistungen bzw. Produkten und auf Seite der Kundenzufriedenheit die allgemeine Zufriedenheit mit dem Autohändler gewählt. In Abbildung 23 werden die Koeffizienten der mithilfe von SPSS durchgeführten Regressionsanalyse dargestellt.

R^2	Beta	Signifikanz
0,499	0,706	0,0

Abbildung 23: Koeffizienten der Regressionsanalyse
Quelle: Eigene Darstellung

Die Signifikanz von 0,0 bedeutet, dass die Kundenzufriedenheit auf die Kundenloyalität einen signifikanten Einfluss hat. Nachdem dies nun bestätigt wurde, kann anhand des Koeffizienten Beta die Höhe des Zusammenhangs betrachtet werden. Dabei gilt, dass dieser Koeffizient bei einem Wert von 1 einen 100%igen Zusammenhang ausweist. Wie in Abbildung 23 ersichtlich, weißt diese Regressionsanalyse einen Wert von 0,706 vor, woraus ein sehr hoher Zusammenhang abgeleitet werden kann.

5.3.6. Ort der Durchführung einer Reparatur/Service

Dieser Abschnitt der Studie beschäftigt sich damit, wo die befragten Personen eine Reparatur oder ein Service an ihrem Auto durchführen. Dabei gab es, wie in der unten angeführten Tabelle sichtbar, vier Antwortmöglichkeiten. Mit einer deutlichen Mehrheit von fast 60% belegt dabei der Autohändler, bei dem das Auto gekauft wurde, den ersten Platz. Mit knapp über 18% folgt erst eine Reparatur bei einem privaten Mechaniker.

	Prozent
Schnellreparaturwerkstatt	6,8
Autohändler, bei dem das Auto gekauft wurde	59,3
Autohändler, bei dem das Auto nicht gekauft wurde	15,7
Privat	18,3

Abbildung 24: Ort der Durchführung einer Reparatur/Service
Quelle: Eigene Darstellung

Um festzustellen, ob sich der Ort des Service bzw. der Reparatur mit dem Alter der Befragten ändert, wurde die Hypothese aufgestellt, dass mit steigendem Alter und dem daraus steigendem Einkommen der Ort des Services bzw. der Reparatur von Privat auf den Autohändler wechseln wird.

Um dies zu überprüfen wurde mit Hilfe von SPSS ein Korrelationstest durchgeführt. Dieser konnte auf dem Niveau von 0,05 (2-seitig) mit einem Wert von 0,033 signifikant bestätigt werden. Das Alter spielt also eine essentielle Rolle bei der Auswahl der Reparaturwerkstätte, und die oben aufgestellte Hypothese konnte bestätigt werden.

5.3.7. Autohändler als Informationsquelle

Wie in der Einleitung zur empirischen Studie bereits angeführt, sucht ein potenzieller Autokäufer in der Vorkaufsphase nach Informationen durchverschiedenste Quellen. Im Rahmen der Studie mussten die Befragten ihre bevorzugten Informationsquellen nennen. Dabei gaben, wie in der nachfolgenden Tabelle aufgezeigt, fast 65% der Personen an, sich beim Autohändler Informationen zu holen.

	Prozent
Benutzt	64,2
Nicht benutzt	35,8

Abbildung 25: Autohändler als Informationsquelle
Quelle: Eigene Darstellung

Die nachfolgende Grafik zeigt einen Vergleich zu den beiden nächstgenannten Informationsquellen. Dabei wurde die Meinung von Freunden und Informationen aus dem Internet am zweit- bzw. dritthäufigsten genannt. Sehr gut zu sehen ist dabei auch, dass der Autohändler als Informationsquelle die mit Abstand am häufigsten genannte Informationsquelle ist.

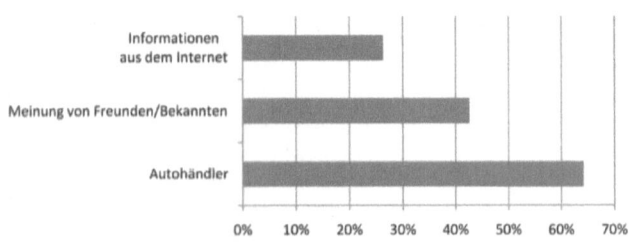

Abbildung 26: Informationsquellen im Vergleich
Quelle: Eigene Darstellung

5.4. Zufriedenheit mit der Automarke

Bevor in diesem Abschnitt die Ergebnisse der Studie in Bezug auf die Kundenzufriedenheit veranschaulicht werden, wird zunächst ein Ranking von Automarken aufgestellt. Dieses wurde mit Hilfe einer Häufigkeitsanalyse der Frage "Wenn Sie an Automarken denken, welche fallen Ihnen spontan ein?" aufgestellt. Bei dieser Fragestellung waren drei Nennungen möglich. Für das Ranking wurde nur die erste Nennung in Betracht gezogen. Das Ergebnis veranschaulicht, welche Automarken im Bewusstsein der Probanden verankert sind. Die Plätze eins bis drei wurden dabei von den Marken VW, Audi und BMW belegt. Aus diesem Grund wird oftmals für nachfolgende Analysen dieser Arbeit genau auf diese Automarken eingegangen. In dem nachfolgenden Säulendiagramm ist die ‚Top 10' dieses Rankings abgebildet.

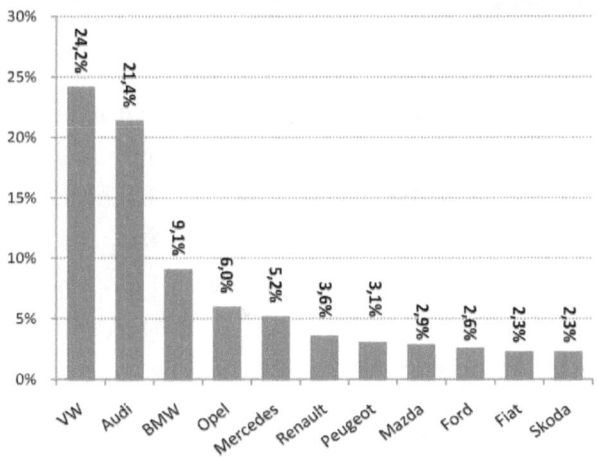

Abbildung 27: Am häufigsten genannte Automarken
Quelle: Eigene Darstellung

Für die Analyse der Kundenzufriedenheit wurde auf die Frage ‚Wie zufrieden sind Sie mit dem PKW, den Sie derzeit besitzen, insgesamt?' zurückgegriffen. Es wurden dabei zunächst alle Antworten der 384 Befragten Personen berücksichtigt. Es standen dabei die Antwortmöglichkeiten ‚sehr zufrieden', ‚eher zufrieden', ‚weder noch', ‚eher nicht zufrieden' und ‚nicht zufrieden' zur Auswahl. Folgende Ergebnisse kamen dabei zustande.

	Prozent	Kumulierte Prozent
sehr zufrieden	63,4	63,4
eher zufrieden	31,1	94,5
weder noch	3,1	97,7
eher nicht zufrieden	2,1	99,7
nicht zufrieden	0,3	100

Abbildung 28: Kundenzufriedenheit aller Probanden
Quelle: Eigene Darstellung

Abbildung 28 zeigt wie zufrieden oder unzufrieden die Probanden mit ihrem derzeitigen PKW sind. Lediglich 2,4% der befragten Personen gaben an ‚eher nicht zufrieden' oder ‚nicht zufrieden' zu sein. 3,1% waren weder zufrieden noch unzufrieden mit ihrem PKW und die restlichen 94,5% waren ‚eher zufrieden' oder ‚sehr zufrieden' mit ihrem derzeitigen Auto.

In der nachfolgenden Grafik wird anhand der Daten der zuvor angeführten Tabelle ersichtlich, dass ein überwiegender Anteil der Befragten entweder ‚sehr zufrieden' oder ‚eher zufrieden' mit seinem PKW ist. Kumuliert betrachtet entspricht das einem Anteil von 94,5%.

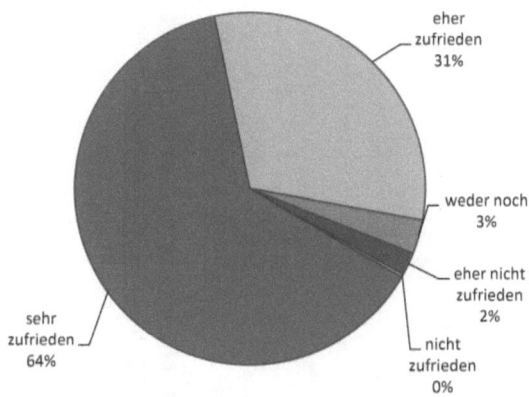

Abbildung 29: Kundenzufriedenheit Allgemein
Quelle: Eigene Darstellung

Um zu zeigen wie zufrieden Kunden bezogen auf Ihre Automarke sind, wurden zwei Fragen der Studie miteinander verknüpft. Es handelte sich dabei um die Frage, welche Aufschluss über die zuletzt besessene Automarke gab und die zuvor behandelte Frage der Kundenzufriedenheit. Die nachfolgenden Tortendiagramme zeigen die Kundenzufriedenheit von Autobesitzern der Marken VW, Audi und BMW. Auffällig dabei ist, dass BMW Besitzer in dieser Studie zu 100% mit ihren Autos zufrieden waren.

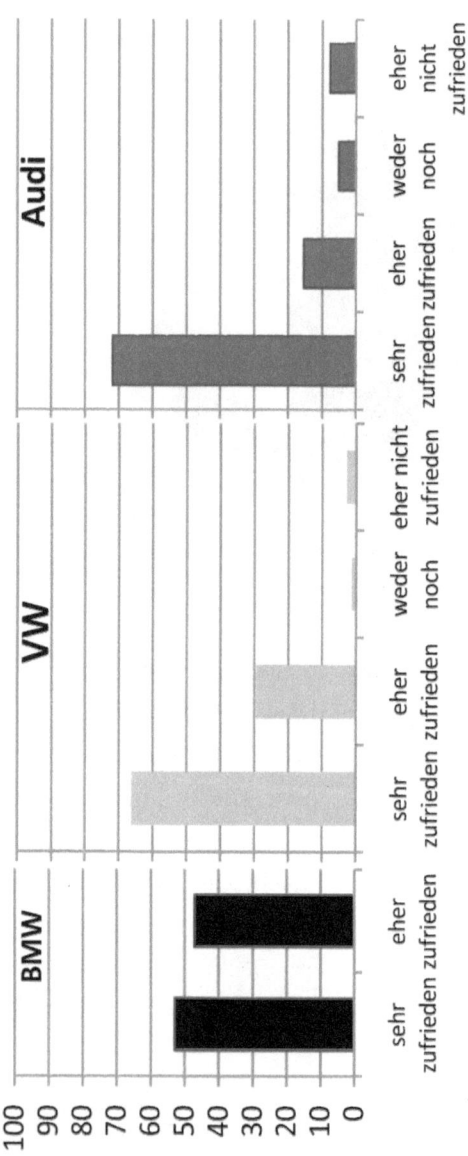

Abbildung 30: Kundenzufriedenheit in Bezug auf die Automarken VW, Audi und BMW : Quelle: Eigene Darstellung

5.4.1. Wiederkaufverhalten bei Automarke

Um Rückschlüsse auf ein loyales Verhalten von Kunden in Bezug auf eine Automarke zu ziehen, wurden Aussagen der Befragten in Betracht gezogen, die Aufschlüsse über das Wiederkaufverhalten und das Weiterempfehlungsverhalten lieferten. Dabei waren die Aussagen ‚Ich werde diese Marke wieder kaufen' und ‚Ich würde diese Marke weiterempfehlen' jeweils mit den Antwortkategorien ‚trifft voll zu', ‚trifft eher zu', ‚teils-teils', ‚trifft eher nicht zu' und ‚trifft überhaupt nicht zu' von den Probanden zu beantworten. Zunächst wird auf das Wiederkaufverhalten näher eingegangen. Die Studie lieferte hierbei für alle 384 Befragten folgende Ergebnisse.

	Prozent	Kumulierte Prozent
trifft voll zu	52,3	52,3
trifft eher zu	30,3	82,6
teils-teils	10,9	93,5
trifft eher nicht zu	4,4	97,9
trifft überhaupt nicht zu	2,1	100

Abbildung 31: Wiederkaufverhalten aller Probanden 1
Quelle: Eigene Darstellung

Abbildung 31 zeigt die Ergebnisse über das Wiederkaufverhalten aller Probanden in tabellarischer Form. 6,5% der Befragten würden ‚eher nicht' oder ‚überhaupt nicht' zu einem Wiederkaufverhalten neigen. 10,9% waren sich noch unschlüssig und 82,6% der befragten Personen gaben an, einen PKW ihrer derzeitigen Marke wiederzukaufen.

Die nachfolgende Grafik zeigt die Werte aus der zuvor angeführten Tabelle in Form eines Tortendiagramms. Dabei ist gut erkennbar, dass über 80% der Befragten ein Auto jener Marke wiederkaufen würden, welches sie zurzeit besitzen.

Wiederkaufverhalten aller Probanden

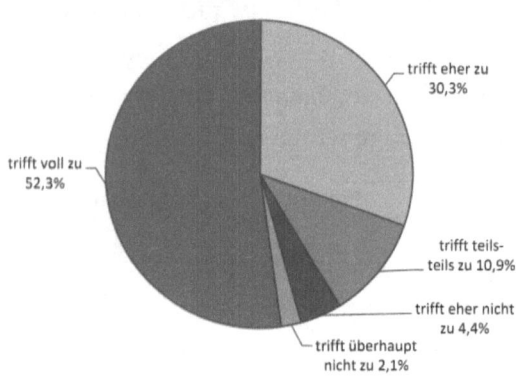

Abbildung 32: Wiederkaufverhalten aller Probanden
Quelle: Eigene Darstellung

In diesem Zusammenhang wurden jene Probanden in die Analyse des Wiederkaufverhaltens mit einbezogen, die im Besitz eines Autos der Marke VW, Audi und BMW waren. Wie in Abbildung 33 ersichtlich, verhalten sich speziell diese Personen ihrer Automarke gegenüber loyal.

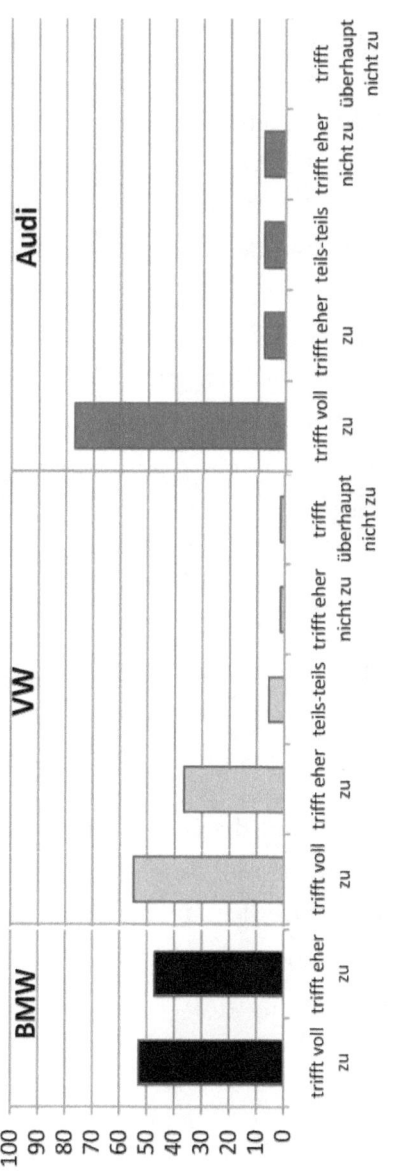

Abbildung 33: Wiederkaufverhalten von Autobesitzern der Marke VW, Audi und BMW: Quelle: Eigene Darstellung

Darüber hinaus wurde das Weiterempfehlungsverhalten der Befragten analysiert. Genauso wie die Absicht eine Marke wiederzukaufen, ist das Weiterempfehlen einer Marke als ein loyales Verhalten zu deuten. Abbildung 34 veranschaulicht das Weiterempfehlungsverhalten aller Probanden. 4% der Befragten gaben hierbei an ‚eher nicht' oder ‚überhaupt nicht' ihre derzeitige Automarke weiterzuempfehlen. 8,7% waren sich dabei unschlüssig und 87,3% der Probanden würden die Automarke die sie zurzeit besitzen weiterempfehlen.

	Prozent	Kumulierte Prozent
trifft voll zu	58,2	58,2
trifft eher zu	29,1	87,3
teils-teils	8,7	96,0
trifft eher nicht zu	3,2	99,2
trifft überhaupt nicht zu	0,8	100,0

Abbildung 34: Weiterempfehlungsverhalten aller Probanden 1
Quelle: Eigene Darstellung

In Abbildung 35 sind die Daten der zuvor angeführten Tabelle in Form eines Tortendiagramms dargestellt. Hierbei ist gut ersichtlich, dass rund 87% der Befragten ein Auto jener Marke weiterempfehlen würden, welches sie zurzeit besitzen.

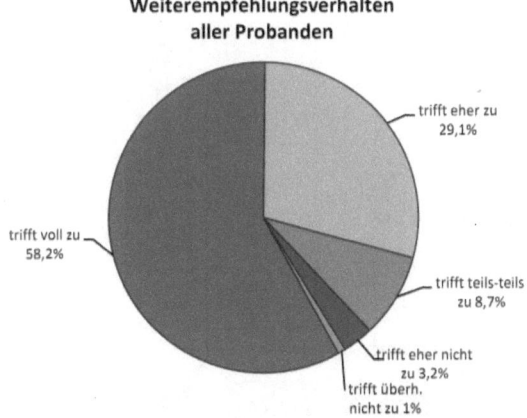

Abbildung 35: Weiterempfehlungsverhalten aller Probanden
Quelle: Eigene Darstellung

Ebenso wie bei der Analyse des Wiederkaufverhaltens wurden hier jene Probanden in die Analyse des Weiterempfehlungsverhaltens mit einbezogen, die im Besitz eines Autos der Marke VW, Audi und BMW waren. Abbildung 36 zeigt ähnlich wie beim Wiederkaufverhalten, dass sich diese Personen auch hier ihrer Automarke gegenüber loyal verhalten

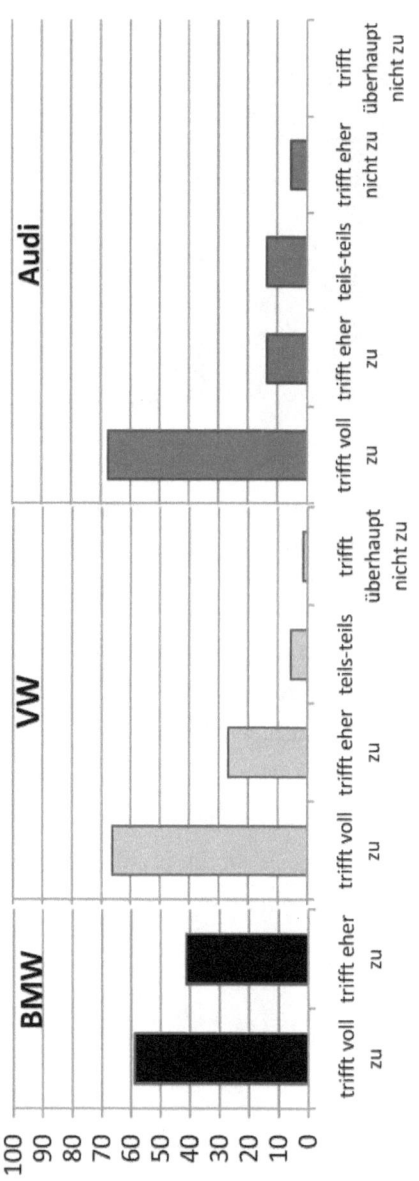

Abbildung 36: Weiterempfehlungsverhalten von Autobesitzern der Marke VW, Audi und BMW: Quelle: Eigene Darstellung

5.4.2. Zusammenhang zwischen Kundenzu-friedenheit und Kundenloyalität - Automarken

Wie zuvor schon im Theorieteil beschrieben, gibt es einen unmittelbaren Zusammenhang zwischen der Zufriedenheit eines Kunden und dessen loyalem Verhalten. Anhand der ausgewerteten Daten der empirischen Studie, soll dieser Zusammenhang belegt werden. Dazu wurde eine sogenannte ‚Regressionsanalyse' angewendet. Es handelt sich dabei um ein Analyseinstrument, das den Einfluss einer Größe auf eine andere bestimmen kann. Um den Zusammenhang zwischen der Kundenzufriedenheit und der Kundenloyalität zu belegen, wurden zwei Fragen dieser Studie miteinander verknüpft: zum einen die Frage die Auskunft darüber gab, wie zufrieden ein Kunde mit seinem derzeitigen PKW ist, und zum anderen die Frage, welche durch das Wiederkaufverhalten und das Weiterempfehlungsverhalten Aufschlüsse auf ein etwaiges loyales Verhalten ergeben hat. Aus der ‚Regressionsanalyse' resultierten dabei Koeffizienten, welche die Beziehung zwischen diesen zwei Fragen widerspiegeln. In Abbildung 37 sind diese Koeffizienten abgebildet.

Regressionskoeffizient (Beta)	Signifikanz
0,805	0,000

Abbildung 37: Regressionsanalyse; Quelle: Eigene Darstellung

Die Signifikanz gibt in diesem Fall an, welchen Einfluss die Kundenzufriedenheit auf die Kundenloyalität hat. Alles kleiner oder gleich 0,05 würde bedeuten, dass hierbei ein maßgeblicher Einfluss existiert. Somit weist das Resultat unserer Analyse mit 0,000 auf einen signifikanten Einfluss hin. Der Regressionskoeffizient Beta gibt das Ausmaß des Zusammenhangs an. In unserer Analyse beträgt dieser 0,805 – dies entspricht 80,5% – was auf eine starke Beziehung zwischen der Kundenzufrieden und der Kundenloyalität schließen lässt.

6. Zusammenfassung

Kundenzufriedenheit erweist sich zunehmend als bedeutender Wirtschaftsfaktor. Wie gezeigt wurde, besteht zwischen wirtschaftlichem Erfolg und dem Grad der Zufriedenheit ein positiver Zusammenhang. In der vorliegenden Arbeit wurden die Kundenzufriedenheit und Kundenloyalität sowie der Zusammenhang dieser erläutert und eine empirischen Studie durchgeführt, welche die Kundenzufriedenheit und Kundenloyalität und dessen Zusammenhang in Bezug auf Autohändler und Automarken analysierte.

Zu Beginn der Arbeit wurden zuerst die Grundlagen zur Kundenzufriedenheit herausgearbeitet. Dabei wurde zunächst das C/D-Paradigma mit den grundlegenden Komponenten erläutert und danach wurden theoretische Ansätze zur Erklärung von Kundenzufriedenheit dargestellt.

Darauf folgend wurde auf die Kundenloyalität näher eingegangen, wobei zuerst die Loyalitätsauffassungen und Loyalitätsarten beschrieben wurden. Anschließend wurden theoretische Ansätze zur Erklärung von Kundenloyalität aufgezeigt.

In einem weiteren Schritt wurde auf den Zusammenhang zwischen Kundenzufriedenheit, Kundenloyalität und Profitabilität eingegangen. Es wurde gezeigt, dass die Kundenzufriedenheit einen wesentlichen wirtschaftlichen Faktor für Unternehmen darstellt. Denn das daraus resultierende loyale Verhalten eines Kunden hat schlussendlich einen direkten oder indirekten Einfluss auf die Profitabilität eines Unternehmens.

Bei der empirischen Studie wurde zuerst auf das Design der durchgeführten Studie eingegangen. Mittels der ausgewerteten Daten wurde die Kundenzufriedenheit wie auch die Loyalität der Kunden in Bezug auf Autohändler und Automarken dargestellt. Dabei beurteilten Autobesitzer bestimmte Kriterien in Bezug auf ihre bisherigen Erfahrungen beim Kauf eines PKWs. Des Weiteren wurde aufgezeigt, dass der Ort der Durchführung einer Reparatur beim Auto mit dem Alter wechselt. Der aus wirtschaftlicher Sicht wichtige Zusammenhang zwischen Kundenzufriedenheit und Kundenloyalität konnte mittels einer ‚Regressionsanalyse‘ belegt werden.

Abschließend soll noch erwähnt werden, dass der Autohändler dem potenziellen Autokäufer als wichtigste Informationsquelle dient. Das verwundert insofern nicht, da die befragten Personen mit dem Personal eines Autohändlers überdurchschnittlich zufrieden sind.

Um dem starken Wettbewerb im Automobilsektor Stand halten zu können, sollte das Generieren von Kundenzufriedenheit und Kundenloyalität eine Grundprämisse eines jeden Unternehmers darstellen. Diese Ziele sollten aber auch realisierbar und vor allem finanzierbar sein.

7. Literaturverzeichnis

Bruhn, M. (2008): Dienstleistungscontrolling durch eine ganzheitliche Betrachtung der Erfolgskette des Dienstleistungsmanagements, in: Controlling, Heft 8/9, München 2008, 3-13

Bidmon, S. (2004): Kundenzufriedenheit im Investitionsgütermarketing: theoretische Basis und praktische Durchführung der Messung, Wiesbaden

Danzinger, F. (2010): Kundeninteraktionskompetenz in Industriegütermärkten. Eine empirische Studie zu Interaktions- und Lernorientierung, Gabler-Verlag, Wiesbaden 2010

Diller, H. (1996): Kundenbindung als Marketingziel, in: Marketing – ZFP, 13.Jg., Nr. 2, 81-94

Festinger, L. (1957): A Theory of Cognitive Dissonance, Stanford

Foscht, T. (2002): Kundenloyalität. Integrative Konzeption und Analyse der Verhaltens – und Profitabilitätswirkungen, Deutscher Universitäts-Verlag, Wiesbaden 2002

Foscht, T./ Swoboda, B. (2007): Käuferverhalten. Grundlagen – Perspektiven - Anwendungen, 3. Auflage, Gabler-Verlag, Wiesbaden 2007

Fuchs, A. (2010): Kundenbindungsmanagement im Einzelhandel: Eine kausalanalytische Untersuchung am Beispiel des Textilfacheinzelhandels, Wiesbaden

Freiling, J./ Reckenfelderbäumer, M. (2010): Markt und Unternehmung. Eine marktorientierte Einführung in die Betriebswirtschaftslehre, 3. Aufl., Gabler-Verlag, Wiesbaden 2010

Geffroy, E. (2005): Das einzige was stört, ist der Kunde, 16. Auflage, Redline-Wirtschaft Verlag, Frankfurt 2005

Harris, J. (1993): Pinning Down in the Equity Formula, in: Messick, D./ Cook, S. (Hrsg.): Equity Theory – Psychological and Sociological Perspectives, Praeger-Verlag, New York 1993, 207 – 241

Holland, H.(2006): Kundenbindungsmanagement in der Automobilbranche, in: Hinterhuber, H./ Matzler, K. (Hrsg.): Kundenorientierte Unternehmensführung. Kundenorientierung – Kundenzufriedenheit – Kundenbindung, 5. Auflage, Gabler-Verlag, Wiesbaden 2006, 561 – 576

Homburg, C./ Brucerius, M. (2008): Kundenzufriedenheit als Managementherausforderung, in: Homburg, C. (Hrsg.): Kundenzufriedenheit. Konzepte – Methoden – Erfahrungen, 7. Aufl., Gabler-Verlag, Wiesbaden 2008, 52 - 67

Homburg, C./Bruhn, M. (2008): Kundenbindungsmanagement. Eine Einführung in die theoretischen und praktischen Problemstellungen, in: Bruhn, M./ Homburg, C. (Hrsg.): Handbuch Kundenbindungsmanagement, 6. Aufl., Gabler-Verlag, Wiesbaden 2008, 4 -17

Homburg, C./Becker, A./Hentschel, F. (2008): Der Zusammenhang zwischen Kundenzufriedenheit und Kundenbindung, in: Bruhn, M./Homburg, C. (Hrsg.): Handbuch Kundenbindungsmanagement, 6. Aufl., Wiesbaden, S. 112–147

Homburg, C./ Daum, D. (1997): Marktorientiertes Kostenmanagement. Kosteneffizienz und Kundennähe verbinden, Frankfurter Allgemeine Zeitung, Verlagsbereich Wirtschaftsbücher, Frankfurt/Main 1997

Homburg, C/ Krohmer, H. (2006): Marketingmanagement. Strategie – Instrumente - Umsetzung – Unternehmensführung, 2. Aufl., Gabler-Verlag, Wiesbaden 2006

Homburg, C./ Rudolph, B. (1995): Theoretische Perspektiven zur Kundenzufriedenheit, in: Homburg, C. (Hrsg.): Kundenzufriedenheit. Konzepte – Methoden – Erfahrungen, Gabler-Verlag, Wiesbaden 1995, 29-52

Homburg, C./Stock-Homburg, R. (2008): Theoretische Perspektiven zur Kundenzufriedenheit, in: Homburg, C. (Hrsg.): Kundenzufriedenheit. Konzepte–Methoden–Erfahrungen, 7. Aufl., Wiesbaden, S. 17–52

Kroeber-Riel, W./Weinberg, P. (1996): Konsumentenverhalten, 6. Aufl., München

Lorenz, B. (2009): Beziehungen zwischen Konsumenten und Marken: Eine empirische Untersuchung von Markenbeziehungen, Wiesbaden

Matzler, K. (2000): Der Einfluß des Produktartinvolvement auf die Entstehung von Kundenzufriedenheit. Entwicklungen eines integrativen Modells und Formulierung von Hypothesen, in: Journal für Betriebswirtschaft, Heft 4-5/2000, 180-200

Ohne Autor (2009): Handelsstatistik. Hauptergebnisse im Dienstleistungsbereich 2009, Statistik Austria, WWW: http://www.statistik.at/web_de/statistiken/handel_und_dienstl eistungen/leistungs_und_strukturdaten/detailergebnisse_hand el_dienstleistungen/031647.html (01.07.2011)

Reichheld, F. (1996): Der Loyalitäts-Effekt. Die verborgene Kraft hinter Wachstum, Gewinnen und Unternehmenswert.

Aus dem Englischen von Rastalsky, H., Campus-Verlag, Frankfurt/Main; New York 1997

Stahl, H. (2006): Kundenloyalität kritisch betrachtet, in: Hinterhuber, H./ Matzler, K. (Hrsg.): Kundenorientierte Unternehmensführung. Kundenorientierung – Kundenzufriedenheit – Kundenbindung, 5. Auflage, Gabler-Verlag, Wiesbaden 2006, 85-104

Stauss, B. (1999): Kundenzufriedenheit, in: Marketing. Zeitschrift für Forschung und Praxis, 21. Jg., S. 5–24

Stechmann, L. (2011): Potenziale zur Steigerung der Kundenzufriedenheit mit Automobilwerkstätten, Diss., Berlin 2011

Van Doorn, J. (2004): Zufriedenheitsdynamik: Eine Panelanalyse bei Industriellen Dienstleistungen, Wiesbaden

Wirtz, J. (1993): A Critical Review of Models in Consumer Satisfaction, in: Asian Journal of Marketing, Singapur 1993, 7 - 22

7.1. Abbildungsverzeichnis

Abbildung 1: Grundprinzip des C/D-Paradigmas 7

Abbildung 2: Einordnung theoretischer Konzepte in das C/D-Paradigma 12

Abbildung 3: Das Mehr-Faktoren-Modell der Kundenzufriedenheit 19

Abbildung 4: Auswirkungen einer 5-prozentigen Steigerung der Bindungsrate auf den Kunden-Kapitalwert 21

Abbildung 5: Zusammenhang zwischen loyaler Einstellung und loyalem Verhalten: 26

Abbildung 6: Zusammenhang zwischen Kundenzufriedenheit und Kundenloyalität 34

Abbildung 7: Mögliche Moderatoren des Zusammenhangs zwischen Kundenzufriedenheit und Kundenloyalität 36

Abbildung 8: Verhaltensweisen loyaler Kunden 37

Abbildung 9: Das sechs Phasen Modell von Motor Presse Stuttgart 40

Abbildung 10: Ausbildung der Probanden 43

Abbildung 11: Beruf der Probanden 43

Abbildung 12: Allgemeine Zufriedenheit mit dem Autohändler 44

Abbildung 13: Grafische Darstellung der allgemeinen Zufriedenheit 45

Abbildung 14: Kundenzufriedenheit beim Autohändler im Bereich Personal 46

Abbildung 15: Kundenzufriedenheit beim Autohändler mit verschiedenen Faktoren.... 47

Abbildung 16: Kundenzufriedenheit beim Autohändler mit verschiedenen Faktoren.... 48

Abbildung 17: Wiederkaufverhalten tabellarisch aufgelistet 49

Abbildung 18: Wiederkaufverhalten grafisch dargestellt: 50

Abbildung 19: Weiterempfehlung des Autohändlers tabellarisch aufgelistet 50

Abbildung 20: Weiterempfehlung des Autohändlers grafisch 51

Abbildung 21: Inanspruchnahme anderer Leistungen bzw. Produkte beim Autohändler52

Abbildung 22: Inanspruchnahme anderer Leistungen bzw. Produkte beim Autohändler53

Abbildung 23: Koeffizienten der Regressionsanalyse 54

Abbildung 24: Ort der Durchführung einer Reparatur/Service 55

Abbildung 25: Autohändler als Informationsquelle 56

Abbildung 26: Informationsquellen im Vergleich 56

Abbildung 27: Am häufigsten genannte Automarken 57

Abbildung 28: Kundenzufriedenheit aller Probanden 58

Abbildung 29: Kundenzufriedenheit Allgemein 59

Abbildung 30: Kundenzufriedenheit in Bezug auf die Automarken VW, Audi und BMW 60

Abbildung 31: Wiederkaufverhalten aller Probanden 1 61

Abbildung 32: Wiederkaufverhalten aller Probanden 2 62

Abbildung 33: Wiederkaufverhalten von Autobesitzern der Marke VW, Audi und BMW63

Abbildung 34: Weiterempfehlungsverhalten aller Probanden 1 64

Abbildung 35: Weiterempfehlungsverhalten aller Probanden 2 65

Abbildung 36: Weiterempfehlungsverhalten von Autobesitzern der Marke VW, Audi und

BMW.. 66

Abbildung 37: Regressionsanalyse 67

7.2.   Abkürzungsverzeichnis

C/D: Confirmation/Disconfirmation